PEREGRINAÇÃO DE ETÉRIA

Dados Internacionais de Catalogação na Publicação (CIP)
(Câmara Brasileira do Livro, SP, Brasil

Peregrinação de Etéria : liturgia e catequese em Jerusalém no século IV / comentário de Frei Alberto Beckhäuser ; tradução do original latino, introdução e notas por Maria da Glória Novak. – Petrópolis, RJ : Vozes, 2023. – (Coleção Clássicos da Iniciação Cristã)

Título original: Peregrinação Aetheriae.
ISBN 978-65-5713-784-0

1. Ano litúrgico 2. Catequese 3. História eclesiástica – Igreja primitiva 4. Jerusalém – Descrições e viagens 5. Liturgias cristãs primitivas 6. Peregrinos e peregrinação – Palestina I. Beckhäuser, Frei Alberto. II. Novak, Maria da Glória. III. Série.

22-125109　　　　　　　　　　　　　　　CDD-263.042394

Índices para catálogo sistemático:
1. Peregrinação de Etéria : Cristianismo 263.042394

Eliete Marques da Silva – Bibliotecária – CRB-8/9380

PEREGRINAÇÃO DE ETÉRIA

Liturgia e catequese em Jerusalém no século IV

Tradução do original latino,
introdução e notas por
Maria da Glória Novak

Comentário de
Frei Alberto Beckhäuser O.F.M.

Petrópolis

Tradução realizada a partir do original em latim intitulado
Peregrinatio Aetheriae

© desta tradução:
1971, 2023, Editora Vozes Ltda.
Rua Frei Luís, 100
25689-900 Petrópolis, RJ
www.vozes.com.br
Brasil

Todos os direitos reservados. Nenhuma parte desta obra
poderá ser reproduzida ou transmitida por qualquer forma e/ou
quaisquer meios (eletrônico ou mecânico, incluindo fotocópia e
gravação) ou arquivada em qualquer sistema ou banco de dados
sem permissão escrita da editora.

CONSELHO EDITORIAL

Diretor
Gilberto Gonçalves Garcia

Editores
Aline dos Santos Carneiro
Edrian Josué Pasini
Marilac Loraine Oleniki
Welder Lancieri Marchini

Conselheiros
Elói Dionísio Piva
Francisco Morás
Ludovico Garmus
Teobaldo Heidemann
Volney J. Berkenbrock

Secretário executivo
Leonardo A.R.T. dos Santos

Diagramação: Sheilandre Desenv. Gráfico
Revisão gráfica: Alessandra Karl
Capa: WM design

ISBN 978-65-5713-784-0

Este livro foi composto e impresso pela Editora Vozes Ltda.

Sumário

Prefácio, 7

Introdução, 11

Comentário, 23

Bibliografia, 49

Glossário, 51

Texto, 61

    Parte I – Do Mar Vermelho a Constantinopla, 63

    Parte II – Liturgia de Jerusalém, 120

Índices, 171

Prefácio

A grande aceitação da Coleção "Fontes da Catequese" e a crescente procura pelas Fontes da Liturgia e da Catequese levam a Editora Vozes a publicar novamente alguns volumes da citada Coleção. Entre eles tem o privilégio de se encontrar a simpática *Peregrinação de Etéria,* que temos a alegria de apresentar.

É bem conhecida a importância da obra para o conhecimento da topografia dos lugares santos da História Sagrada do Antigo e do Novo Testamento e da vida da Igreja de Jerusalém por volta do ano 400 da Era Cristã, com sua Liturgia, seu clero e sua catequese.

A tradução da obra, escrita por uma mulher, Etéria, nos primeiros séculos da Igreja, sem dúvida coisa rara, foi feita também por uma mulher versada na língua latina e que se entusiasmou tanto pelo latim da autora como pelo seu conteúdo. Imagino que não tenha sido fácil conservar o sabor original do linguajar da autora. Maria da Glória Novak procurou manter na tradução aqueles elementos que dão ao texto sua originalidade, procurando valorizar o seu estilo.

Após a introdução da tradutora ao texto e à autora, quem escreve este Prefácio, num breve comentário, ressalta alguns pontos do conteúdo da obra e sua importância para hoje.

Para facilitar a leitura, a tradutora deu-se ao trabalho de preparar um glossário que não pretende estudar os vocábulos em todos os seus significados ou na sua história, mas visa apenas a explicá-los no texto.

A autora, não se sabe bem se religiosa ou devota senhora leiga de elevada cultura, provavelmente oriunda da Galícia, descreve com agudo espírito de observação a Liturgia diária, semanal e anual de Jerusalém. Descreve outrossim a catequese dos que se preparavam para os Sacramentos da Iniciação cristã durante a Quaresma, como também a catequese mistagógica sobre os Sacramentos celebrados ministrada durante a Oitava da Páscoa.

O acesso a esta obra em nossos dias é de capital importância no diálogo entre a Liturgia e a Catequese, iluminadas ambas pela Palavra de Deus, sendo que a Igreja é convidada a praticar cada vez mais uma catequese que seja integrada na História da Salvação, verdadeiramente de iniciação à vida cristã e intensamente mistagógica.

A obra é de capital importância para um melhor conhecimento da vida da Igreja dos primeiros séculos. Sua importância não se restringe ao campo da Catequese e da Liturgia. Dela poderão haurir também a Arqueologia bíblica, a Exegese, a História da Igreja e a Eclesiologia.

Esperamos que Etéria conduza a muitos leitores e estudiosos pelos lugares santificados pelos acontecimentos da História da Salvação do Antigo Testamento e os faça viver mais intensamente os Mistérios de Cristo pelo Ano Litúrgico, meditados na descrição da Liturgia de Jerusalém, para que possam traduzi-los mais radicalmente na Igreja de hoje.

Petrópolis, 25 de agosto de 2004
Frei Alberto Beckhäuser, OFM

Introdução

Etéria, Aetheria, Echeria, Egéria, quem é a Autora da pequena obra literária encontrada na Biblioteca de Santa Maria? Sílvia, como pensou o sábio Gamurrini? Quem era Sílvia ou Etéria? Uma nobre? Alguma leiga ou monja? Quando escreveu o seu diário de viagem?

1. O texto

Em 1884, J.F. Gamurrini encontrou na Biblioteca da Sociedade *Fraternità dei Laici,* em Arezzo, um pergaminho manuscrito do século XI, de 37 folhas, medindo 262 por 171mm, escrito em caracteres lombardocassinenses e catalogado sob o n. 6,3. Contém duas obras: a primeira (fls. 1-15) é o *Sancti Hilarii Tractatus de Mysteriis et Hymni* e a segunda (fls. 16-37) é o texto do *Itinerarium,* que se apresenta mutilado: faltam-lhe o princípio e o fim, não traz o nome do Autor ou da obra nem a data; faltam-lhe, além disso, duas folhas internas.

O *Liber de Locis Sanctis* de Pedro Diácono (século XII) completa-o, até certo ponto.

Parece ter sido copiado no mosteiro de Montecassino, de onde teria sido, depois, levado a Arezzo por Ambrósio Rastrellini, abade de Montecassino de 1599 a 1602 e, mais tarde, do cenóbio de Santa Flora em Arezzo. Em 1810 teria sido levado para a *Fraternità dei Laici* e, anexado ao opúsculo de Santo Hilário em um só volume, aí teria permanecido até ser encontrado por Gamurrini, que o publicou em 1887 sob o nome de *Sancti Hilarii Tractatus de Mysteriis et Hymni et Sanctae Silviae Aquitaniae Peregrinatio ad Loca Sancta*. Gamurrini, ao atribuir o diário a Sílvia, não conhecia ainda a carta de Valério.

Sílvia da Aquitânia, ou Silvânia, era irmã de Flávio Rufino da Aquitânia, gaulês, contemporâneo de Teodósio Magno, e que teria ido à Terra Santa no último quartel do século IV (388 A.D.).

Valério viveu na Cantábria como um monge solitário, na segunda metade do século VII uma de suas cartas – *Ad Fratres Bergidenses* – faz o elogio da autora da *Peregrinatio ad Loca Sancta*. A descoberta dessa carta em 1903 levou Dom Mário Férotin a publicar o seu artigo – *Le véritable auteur de la Peregrinatio Silviae*[1] –,

---

1. *Revue des questions historiques* 74 (1903) 367-397.

pondo em dúvida a autoria de Sílvia até então aceita por causa das coincidências entre a sua própria viagem no séquito do irmão (referida na *História Lausíaca* de Paládio) e a que é descrita no *Itinerarium*. Infelizmente, porém, os textos manuscritos da carta do abade Valério não concordam quanto ao nome da autora, apresentando variações que os estudiosos eliminaram até chegar às formas *Etéria* ou *Egéria,* pelas quais é hoje mais conhecida.

Valério, na sua *epístola de laude Etheriae virginis,* menciona uma *beatíssima sanctimonialis Etheria,* que, "esquecida de sua fraqueza", partiu "do extremo litoral do oceano ocidental e se fez conhecida no Oriente": "ardendo em seu coração a flama do santo desejo", visitou "todos os lugares santos, províncias, cidades, montanhas e outros desertos" pelo espaço de vários anos, seguindo o caminho tomado pelos filhos de Israel quando saíram do Egito, e passando por todos os lugares descritos no Êxodo. O monge descreve com minúcias a viagem de Etéria e os lugares que ela percorreu.

2. Título

Foi infeliz a escolha de Gamurrini em 1887: o verdadeiro nome parece ter sido apenas *Itinerarium*. Valério não o cita na sua carta aos monges de Bierzo, mas, na carta de doação do mosteiro São Salvador de Celanova, redigida em 935, consta da lista de livros doados à biblioteca conventual um *Ingerarium Geriae,* que se pode, talvez, reconhecer como o *Itinerarium Etheriae:* já agora não há mais sinal do manuscrito de Celanova. Encontra-se também um *Itinerarium Egerie Abbatisse* em três catálogos de livros da abadia de *Saint Martial* em Limoges, o mais antigo dos quais é do século XII.

3. Pátria da autora

Sílvia era da Gália Meridional; Etéria seria de um convento de Arles, na embocadura do Ródano, ou de Marselha. Segundo a carta de Valério (1,2; 4,1) e o próprio *Itinerarium* (19,5), teria vindo "dos confins da terra": com isso, segundo Dom Férotin e Dom Leclercq[2], poderia ser inglesa, gaulesa, celta ou espanhola, mas querem alguns que seja galega, como o próprio abade Valério, outros que seja gaulesa: estes últimos invocam o testemunho da própria autora, que compara o Eufrates ao Ródano... Poderia ser, também, então, italiana, pois, segundo Pedro Diácono, compara os peixes do Mar Vermelho aos do Mar Itálico... Corroboraria a opinião de que fosse galega o fato de, segundo se depreende do seu

2. Cf. *Dictionnaire d'Archéologie Chrétienne et de Liturgie,* art. *Ethérie.*

relato, possuir em Constantinopla casa ou amigos ou família, de tal forma que nem tem certeza de voltar a ver as suas *sorores,* a quem o relato se destina. Ora, a esse tempo (379-395), era imperador romano o galego Teodósio I, Magno, que se mudara com a família para Constantinopla: pertenceria a autora ao seu círculo familiar?

4. Condição Social da autora

Não há certeza de que Etéria fosse monja, apesar da indicação de Limoges. Valério diz *Virgo* e *sanctimonialis* (1,2; 4,4); objeta-se que não haveria monjas na Galiza no século IV, mas, na verdade, parece que havia lá virgens consagradas a Deus, e *virgo* e *sanctimonialis* tanto podem referir-se a monjas como às virgens leigas dedicadas à vida ascética. Outros a querem superiora de um convento na Gália, concedendo que fosse galega de nascimento; o estudo filológico do texto – a concomitância de hispanismos e galicismos – parece autorizar esta suposição. Nada é certo, porém, a não ser que teria sangue latino. Nobre, monja, leiga? Tudo é possível, nada indiscutível; alguns quiseram ver-lhe sangue azul, por causa do auxílio que, nas estradas, recebia por parte dos soldados romanos (7,2; 9,3); a própria autora desfaz a ilusão, quando diz que o auxílio se prestava *iuxta consuetudinem* (7,4). Ao se dirigir às suas *dominae sorores,* dá a impressão de dirigir-se a companheiras conventuais: até onde se confirmará a impressão? De onde vem o seu grande interesse pelos monges da Palestina? É pessoal? É de ordem geral? Sabemos a grande reputação de que gozavam os ascetas no século IV; o mais são suposições.

5. Data

Dom Férotin e Dom Leclercq afirmam que a viagem se teria realizado por volta de 395-396, e não depois disso, uma vez que Etéria não menciona o origenismo, heresia derivada do priscilianismo e logo depois difundida na Palestina.

Se Etéria esteve na Terra Santa na última década do século IV, pode referir-se a ela a carta de São Jerônimo sobre uma peregrina que dava ensejo a rumores e boatos e pertencia à alta esfera social, o que vem ao encontro de outras opiniões que veem nela uma monja santa e piedosa.

Vejamos, porém, o que há de definitivo sobre a época da viagem. O próprio texto do *Itinerarium* nos oferece elementos. Dois fatos de liturgia situam-na na segunda metade do século IV: a comemoração da Ascensão[3] e a preparação dos catecúmenos para o Batismo

---

3. Sobre a Ascensão cf. nota 64 do texto.

restrita à Quaresma[4]. Em segundo lugar, diz o *Itinerarium* que Nísibis estava ocupada pelos persas (20,12); ora, essa ocupação se deu em 363. É certo, portanto, que a peregrinação se realizou após 363; também é certo que esta foi antes de 540, ano da destruição de Antioquia, que a autora não menciona. Temos aí os limites dentro dos quais se realizou, obrigatoriamente, a viagem. Essa parece ser a única certeza.

A tomada de Nísibis pelos persas é fato decisivo como marco do *terminus a quo,* tornando sem importância as datas da construção e consagração das igrejas do *Lazarium,* do *Gólgota* e de *Sion,* todas anteriores a 363. Posteriormente foram construídas a igreja do *Imbomon* (mais ou menos 375), a igreja de *Getsêmani* por Teodósio (mais ou menos 380) e a igreja do *martyrium* de São Tomé; esta, consagrada em 394, era nova quando a peregrina por lá passou (19,3), o que pode situar-lhe a peregrinação na última década do século IV, como querem Dom Férotin e Dom Leclercq. Outros estudiosos, como E. Dekkers, situam a viagem no início do século V, mais precisamente entre 415 e 418; isto levaria a peregrina a Belém no ano de 417, quando lá se celebrou a Ascensão (42). Segundo Dekkers, nesse ano o dia da Ascensão foi a 31 de maio, coincidindo com a

---

4. Sobre o catecumenato, cf. nota 68 do texto.

festa da consagração da igreja de Belém, para lá transferindo as comemorações que se deveriam, talvez, fazer no Imbomon, local da Ascensão do Senhor. É possível.

Objetar-se-á, talvez, que, a partir do estudo da língua do documento, se deveria poder dizer se ele pertence ao século IV ou V. Tem-se feito estudos nesse sentido, sem que se tenha chegado a conclusões definitivas; esperamos que algum estudioso, graças à comparação com outros documentos românicos dos séculos IV e V, oriundos sobretudo da Gália e da Galiza, resolva os problemas de época e lugar ou, ao menos, lance maior luz sobre eles.

6. Duração da viagem

Este dado nos é fornecido pelo *Itinerarium*: a peregrinação durou três anos, ou pouco mais, pois, ao voltar do vale do Carit para Jerusalém, a peregrina percorre "o mesmo caminho de três anos antes" (16,7) e, ao partir de Jerusalém com destino à Mesopotâmia, diz terem decorrido "três anos completos desde que chegara a Jerusalém" [17,1; subentende-se, pela primeira vez].

7. Fontes

Etéria revela-se grande conhecedora dos textos bíblicos: deles tirava citações para o seu diário, por eles guiava seus passos. Que versão conheceria ela? Está estabelecido que o *codex* que menciona (10,7; 33,2) assemelhava-se mais a uma das versões latinas partidas da *Septuaginta*, portanto à *Vetus Latina*[5], do que à *Vulgata*, que São Jerônimo traduziu pelos fins do século IV. Por outro lado, estudos minuciosos levam à afirmação de que a peregrina conhecia também uma tradução latina do *Onomastikon* de Eusébio.

8. Língua

A língua do *Itinerarium* é, no dizer de Dom Férotin e Dom Leclercq, a que se deveria falar em um convento do século IV: mas é língua escrita, e até onde podemos afirmar que corresponde à língua falada pela autora? No dizer dos mestres "a língua falada não se deixa fotografar..." "e, por outro lado, basta empunhar a pena para compor, ... para que surja a imitação... do estilo literário"[6]. Até onde, pois, podemos aceitar aquela afirmação? O latim de Etéria talvez represente, de fato, o latim falado, o que chamamos *vulgar* – que não é uma degeneração da língua clássica, nem é uma língua *una*, mas, em tantas camadas quantas são as camadas sociais,

---

5. *Vetus Latina:* nome genérico, que se dá a todas as versões pré--jeronimianas da Bíblia.
6. NETO, Serafim da Silva. *História do Latim vulgar,* p. 14 e 36.

vem desde Plauto e coexiste com a língua de Cícero: latim popular, de vocabulário mais pobre em extensão, talvez, mas ainda assim rico de expressão, dinâmico e comunicativo.

As imperfeições do texto poderiam ser explicadas por erros dos copistas, ou pela ausência de redação final (Etéria não teria dado acabamento ao seu relato).

Finalizando, talvez pudéssemos dizer que a autora parece ter sentido toda a emoção de sua vivência no Oriente – o que ressalta em cada linha do seu diário – mas escreveu para si mesma e para as suas *sorores*. Não visou à posteridade. Se soubesse que atravessou dezesseis séculos, diria, talvez, simplesmente: "Deus dignou--se conceder-me o que eu não merecia"...

É bem verdade que as modernas teorias talvez não permitam julgar a personalidade do autor a partir da obra – diferentes que são os planos da realidade e da arte. Mas deixemos as modernas teorias e passemos à autora já que não podemos julgar a mulher. Revela a obra grande curiosidade, espírito aventureiro, ao lado de notável fervor religioso; amor à tradição, fidelidade aos hábitos de oração e união com Deus, humildade, que aceita como presente imerecido as graças de Deus e as gentilezas humanas, temperamento apaixonado sempre pronto a admirar, a amar a natureza, a extasiar-se diante dela, ante a própria pequenez e a enganosa pequenez deste vasto mundo, a emocionar-se ante uma fonte de águas límpidas, ante as "arvorezinhas" e os frutos da terra.

Comentário

Esta obra que temos a satisfação de apresentar aos leitores em língua portuguesa é de capital importância para um melhor conhecimento da vida da Igreja dos primeiros séculos. Sua importância não se restringe apenas ao campo da Catequese. Dela poderão haurir abundantemente também a Arqueologia bíblica, a Exegese, a Liturgia, a História da Igreja e a Eclesiologia.

Neste breve comentário, que pretende introduzir a uma leitura mais proveitosa, gostaríamos de ressaltar alguns pontos[1].

1. O conteúdo

A obra se divide em duas partes bem distintas. A primeira, capítulos 1-23, é um diário de viagem aos

---

1. Este comentário se baseia na introdução ao texto e à tradução francesa de Hélène Pétré, *Journal de Voyage*, Sources Chrétiennes, n. 21, Paris, Les Editions du Cerf, 1948, p. 7-92.

lugares santos da História Sagrada; a segunda, capítulos 24-49, uma descrição da Liturgia de Jerusalém.

1) **O itinerário da peregrinação** – O texto veio mutilado até nós. Por isso, não sabemos bem onde a senhora peregrina aos lugares santos iniciou sua peregrinação.

Na primeira parte são descritas quatro viagens de Etéria:

i) A peregrinação ao Sinai com o retorno a Jerusalém pela terra de Gessen (capítulos 1-9). Parece que ela iniciou sua viagem ao Sinai partindo do Egito. Tinha como finalidade evidente seguir a marcha dos Israelitas depois da saída do Egito até à Montanha Santa, onde Deus lhes deu a Lei (cf. 9,6).

ii) A peregrinação ao Monte Nebo (capítulos 10-12). Nesta peregrinação ela quer contemplar, como Moisés antes de morrer, o esplêndido panorama da Terra Prometida.

iii) A peregrinação à Idumeia, país de Jó (capítulos 13- 16). Esta viagem permitiu aos peregrinos visitar, de passagem, os lugares onde se conservam lembranças de várias outras personagens bíblicas importantes como Melquisedeque, João Batista, Elias, Jefté, atestando-nos o culto a eles nesses lugares.

iv) A peregrinação à Mesopotâmia e a volta a Constantinopla, passando por Tarso, Selêucia, e Calcedônia (cap. 17-23). Na viagem de Jerusalém a Constantinopla, estando em Antioquia, Etéria resolve ir até a Mesopotâmia. Dois motivos a conduzem para lá. O desejo de ver os monges daquela região e de rezar no túmulo de São Tomé em Edessa.

De volta a Antioquia, ela retoma o caminho para Constantinopla, parando por duas vezes ainda em Selêucia da Isáuria e em Calcedônia. Tendo chegado a Constantinopla, propunha-se ainda visitar o túmulo de São João em Éfeso. Mas desistiu de concretizar o propósito de imediato.

Num simples comentário introdutório não cabe seguir as etapas da viagem para procurar identificar os lugares mencionados. Os arqueólogos encontraram nestas descrições muitas vezes a confirmação ou a refutação de uma ou outra hipótese relativa à topografia bíblica[2].

2) **A descrição da Liturgia de Jerusalém** – Impressionante o poder de observação desta senhora peregrina. A importância maior desta obra está certamente nesta segunda parte. A descrição do dia litúrgico e das grandes festas nos permite conhecer a Liturgia de Jerusalém pelo ano 400. E indiretamente não só a Liturgia, mas os santuários, a hierarquia, o jejum, a catequese e a vida monacal.

---

2. Cf. PETRE, H. Op. cit., p. 29.

A autora, entre as viagens descritas na primeira parte, permaneceu por uns três anos em Jerusalém, onde com os demais peregrinos participava da vida da Igreja. Aliás, parece que a própria vida cultual da cidade de Jerusalém se devia adaptar ao fenômeno das peregrinações à Cidade Santa.

Etéria inicia a segunda parte descrevendo os Ofícios feriais da semana, passando em seguida ao Ofício dominical (cap. 24-25).

Destaque especial recebem as Festas litúrgicas: A Epifania (Natal); a Apresentação de Jesus ao Templo; a Quaresma; a Semana Santa; a Vigília Pascal; a Semana da Páscoa; o Tempo pascal, chamado Quinquagésima; a Ascensão e o Pentecostes (cap. 25-44).

Descreve, em seguida, os principais ritos da Iniciação cristã, dando um ressalto especial à catequese (cap. 45-48).

Termina a obra, que nos chegou incompleta, com a descrição da Festa da consagração das igrejas. Chega até à descrição do quarto dia da festa (cap. 48-49).

2. A mensagem

Mais importante do que a simples enumeração de seu conteúdo é a mensagem que ainda hoje podemos tirar por meio de uma leitura atenta desta obra.

1) **Os santuários** – Através da descrição das peregrinações e da Liturgia de Jerusalém, constatamos que quase todos os lugares importantes, ligados a personagens e fatos da História da Salvação, estão selados por santuários, a cujo serviço se encontram o clero e sobretudo os monges. Principalmente os lugares marcados pelo Nascimento, Paixão-Morte, Ressurreição e Ascensão do Senhor foram ornados por Constantino com belos santuários comemorativos. São as seguintes as principais igrejas de Jerusalém e de seus arredores, segundo o relato de Etéria:

a) A *Basílica do Santo Sepulcro*, composta de três partes principais: a Anástasis, o Calvário e o Martyrium.

A *Anástasis* é uma construção circular coroada por uma majestosa cúpula, cobrindo o sepulcro de Cristo.

O *Calvário* era uma elevação rochosa encimada por uma cruz comemorativa. Daí o nome *Crux,* muito empregado por Etéria. Estava separado da *Anástasis* por um grande átrio, designado *Ante Crucem* (diante da Cruz). Havia por trás da pequena elevação, onde se encontrava a Cruz, uma pequena capela, chamada *Post Crucem* (atrás da Cruz), onde se celebrava a Eucaristia na Quinta-feira Santa e se realizava a adoração da Cruz na Sexta-feira Santa.

O *Martyrium,* ou igreja maior, era uma suntuosa basílica que fechava, a Leste, o átrio da Cruz e ocupava a cripta da Invenção da Santa Cruz. Era a igreja que poderíamos chamar de igreja paroquial de Jerusalém, onde se celebravam os principais Ofícios aos Domingos e dias de festa.

b) *Sion.* – É o santuário do Cenáculo, onde os apóstolos aguardaram a vinda do Espírito Santo. Aí se celebravam os Ofícios litúrgicos das quartas e sextas-feiras durante todo o ano, o Domingo de Páscoa e o domingo seguinte, como também o dia de Pentecostes.

c) *Os santuários do Monte das Oliveiras* – O *Imbomon* – Igreja construída no alto do Monte das Oliveiras, que provavelmente marcava o lugar onde Jesus subiu ao céu. Lá o povo se reunia na noite de Quinta-feira Santa e no dia de Pentecostes para ler aí as passagens do Evangelho referentes à Ascensão.

O *Eleona* – No declive do Monte das Oliveiras encontramos a igreja chamada *Eleona.* Pensava-se que neste local Jesus teria passado a noite de segunda, terça e quarta-feiras que precederam a sua Paixão. Na terça-feira de tarde Ele teria aí iniciado os seus discípulos nos mistérios do fim dos tempos e Etéria sugere que uma parte dos colóquios de Cristo com os apóstolos após a Ceia se teria desenvolvido aí. Nesta igreja se celebravam importantes Ofícios no Domingo de Ramos, na Quinta-feira Santa, no quarto dia da Oitava da Epifania e a Oitava da Páscoa.

O *Getsêmani* – Aos pés do Monte das Oliveiras, no lugar da traição de Judas, se ergue, segundo Etéria, uma igreja no lugar onde Jesus rezou.

d) *Os santuários de Belém e de Betânia* – Etéria menciona ainda outros santuários nas cercanias de Jerusalém. O mais importante é o de Belém, basílica constantiniana que continha a gruta do Nascimento de Jesus. Ali se celebravam parte dos Ofícios da Epifania e o Ofício do 40° dia depois da Páscoa, como a dizer que o Mistério da Ascensão está intimamente ligado ao da Encarnação.

Em Betânia encontramos duas igrejas:

O *Lazarium,* recordando a memória de Lázaro, e uma outra que, no caminho de Betânia para Jerusalém, recorda o encontro de Maria, irmã de Marta, com Jesus. O povo de Jerusalém se dirigia a Betânia seis dias antes da Páscoa, quando na igreja *Lazarium* se fazia o anúncio da Páscoa, e na Vigília do Domingo de Ramos.

Estes são os dados positivos a respeito dos santuários. Qual o significado mais profundo? Etéria nos diz que em cada lugar onde chegavam pedia que lhe fosse lida a respectiva passagem da Bíblia (cf. 3,6; 4,3). Ainda mais. Em cada lugar onde chegavam, eles procuravam seguir a seguinte ordem de devoção: uma oração; a leitura das palavras da Bíblia; um Salmo, de acordo com as circunstâncias; e outra oração (cf. 10,7). O mesmo se nota na celebração da Semana Santa, com maior insistência ainda (cf. 37,6; 42; 43,3; 47,5).

Talvez se possa tirar um ensinamento desse fato. Não só os textos sagrados falam da mensagem da Salvação. Ela nos é transmitida também por outros modos. Entre eles estariam os lugares que nos falam de Deus, que nos recordam a Salvação. Na renovação do culto não estaríamos por demais ligados a palavras, tomando-a a forma quase exclusiva de comunicação, numa exagerada verbalização?

Parece-me que a *Peregrinação de Etéria* nos dá também alguns elementos valiosos sobre a teologia dos Santuários e dos lugares sagrados. Certos lugares, por motivos históricos ou topográficos, parece serem capazes de falar aos homens e, por isso mesmo, serem sinais de Salvação.

2) **A liturgia** – a) *O dia litúrgico* – A segunda parte, como vimos, começa com a descrição do dia litúrgico em Jerusalém. A *Peregrinação de Etéria* é de máxima importância para conhecermos o papel da oração pública em Jerusalém na vida cotidiana do clero, dos monges e mesmo dos leigos. Os monges e as virgens garantem a presença nos Ofícios. Os leigos não são sempre obrigados, mas um bom número deles está sempre presente.

Os fiéis, os monges e elementos do clero reúnem-se normalmente quatro vezes por dia.

A primeira reunião se realiza do primeiro canto do galo até ao amanhecer. Consta da vigília propriamente dita e dos hinos matinais, ao raiar do dia.

A segunda e a terceira reuniões, nas horas sexta e nona, são mais curtas. Na Quaresma estas duas horas são precedidas de uma reunião suplementar na hora terça (9 horas).

A quarta reunião, o Ofício das candeias ou *Lucernare,* começa às 16 horas e se prolonga até ao anoitecer.

Parece que nos dias de jejum, isto é, nas quartas e sextas-feiras, celebrava-se também a Eucaristia. Além disso, durante a Quaresma muitos fiéis se juntavam aos catecúmenos, a quem o bispo ministrava a catequese no fim do Ofício matinal, ou seja, da primeira à terceira hora (das 6 às 9 horas).

b) *O domingo* – Nos domingos havia uma modificação no programa; aliás, obedecia a um outro horário como veremos depois. Aos domingos, as vigílias solenes são obrigatórias para todos. Pelas 8 ou 9 horas os fiéis se reúnem novamente na igreja maior para a sinaxe litúrgica, certamente a Santa Missa, sobre a qual a autora não fornece maiores detalhes. Pelas 11h30, os fiéis são despedidos. A sexta e a nona são supressas aos domingos.

Nos dias de festa acrescentam-se outras celebrações comemorativas: procissões a diversos lugares santos, carregados de recordações salvíficas e estações.

Impressionante o lugar ocupado pelo culto na vida destes cristãos. Levantar-se bem antes do amanhecer do dia para passar várias horas na igreja; e voltar lá três ou quatro vezes por dia. Eles faziam do domingo realmente o dia do Senhor, subtraindo apenas algumas horas à celebração do culto divino.

Algumas reflexões sobre a oração da Igreja para o nosso tempo em que se anuncia a nova Liturgia das Horas. É verdade que em Jerusalém esta rica Liturgia era favorecia pela presença dos peregrinos e dos monges. Mas a oração comum era da Igreja toda: bispo, sacerdotes, diáconos, monges e fiéis.

Por outro lado, já sentimos uma grande influência dos monges sobre a oração da Igreja.

Notamos também que aos domingos se omitem a sexta e a nona. Parece que nestes dias se seguia o antigo costume de duas reuniões principais, uma de manhã e outra à tarde, conforme o horário de oração dos judeus, herdado pelas igrejas catedrais. As reuniões mais frequentes durante a semana parece que no início foram próprias dos monges, que transformaram as horas de oração particular em oração comum. Mas desde muito cedo em Jerusalém esta oração não é puramente monacal: dela participam o clero e os fiéis. Até o bispo vem concluir cada hora de oração. Tal regime podia funcionar num estilo de vida vivido em Jerusalém.

Muito cedo, tanto no Oriente como no Ocidente, este tipo de Ofício monacal se impôs também nas catedrais. Por diversos motivos, porém, aos poucos o Ofício se clericalizou, tornando-se os fiéis mudos assistentes, quando compareciam. Começaram a surgir assim, na Idade Média, as formas populares de oração: o Rosário, o Angelus, a Via-Sacra, a Adoração do Santíssimo, as Novenas etc.

No momento em que se quer renovar a oração da Igreja, creio que nos devemos perguntar pela quantidade e as formas diversas de oração para o clero, os religiosos e os grupos de fiéis, sob o risco de tentarmos enfiar carapuças que não servem. O clero, os religiosos de vida ativa, os de vida contemplativa, os leigos são grupos com modos de vida muito diversos. Por isso, o modo de oração também não pode ser padronizado. É isso que nos ensina a História do Ofício Divino.

Outra nota importante. Já naquele tempo se omitiam horas quando se celebrava a Eucaristia. E hoje, com a Missa diária em geral matutina e vespertina, creio que não haverá lugar para tantos outros encontros de oração comunitária. O sistema de vida dos monges é ótimo para monges, mas não para toda a Igreja. Também nisto parece que o bom-senso deveria imperar na vida de uma comunidade.

c) *O Ano Litúrgico* – O manuscrito nos apresenta a descrição das grandes festas que podem ser lidas em seus pormenores no capítulo 25,6-44. Elas nos permitem conhecer a Liturgia de Jerusalém pelo ano 400. O calendário é o seguinte:

Epifania, festa que celebra também o Nascimento de Cristo. Estende-se por oito dias.

A *Apresentação de Jesus ao Templo.* A *Quaresma* de oito semanas, com jejum e ofícios diários especiais.

A *Semana Santa.* Abre-se com a solene Procissão dos Ramos, partindo do Monte das Oliveiras. O povo entra na cidade, diante do bispo, aclamando: "Bendito seja o que vem em nome do Senhor", e levando ramos nas mãos. Descrevem-se, em seguida, as cerimônias da terça e quarta-feiras. Na Quinta-feira Santa, celebra-se a Eucaristia à tarde, e depois todos se dirigem ao Monte das Oliveiras para a vigília.

Ao canto do galo de Sexta-feira Santa começam todos a descer até ao lugar da oração do Senhor. Passam pelo lugar da prisão e, de manhã, chegam à cidade. Acompanham o bispo do Getsêmani até a porta da cidade e daí por toda a cidade, até a cruz. Aí se realiza a cerimônia do ósculo à Cruz.

Da sexta até à nona hora realiza-se um Ofício de Leituras, constando do seguinte: passagens sobre a Paixão nos salmos, nos apóstolos, nos evangelhos, nos profetas e novamente nos evangelhos. Acrescenta Etéria: "E assim, durante as três horas ensina-se ao povo que nada se fez que não tenha sido primeiro anunciado e nada se anunciou que se não tenha completamente realizado"... "E sempre se intercalam preces – e essas preces são próprias para o dia" (37,6).

Quanto à *Vigília Pascal* Etéria não entra em pormenores, pois "a fazem como nós" (38,1).

Também quanto à *Páscoa* e sua *Oitava* não há nada de especial, a não ser que se realizam as catequeses mistagógicas e ritos comemorativos nos diversos santuários.

Descreve ainda o *Domingo da Oitava da Páscoa* e os 50 dias após a Páscoa, chamados *Quinquagésima.*

A *Ascensão,* isto é, o 40º dia depois da Páscoa, não merece destaque especial; e a Festa de *Pentecostes,* o 50º dia da Páscoa, está ligada à Ascensão.

A última festa descrita é a das *Encênias,* ou seja, o aniversário da dedicação das igrejas do Santo Sepulcro e do Gólgota, com a participação de numerosos bispos e abundante clero, monges e leigos de toda a região. A Festa inspira-se na dedicação do Templo feita por Salomão.

Os usos litúrgicos de Jerusalém, por causa do prestígio da cidade e sobretudo através dos peregrinos, exerceram grande influência não somente sobre todo o Oriente, mas ainda sobre o Ocidente. A Festa da Apresentação ao Templo foi introduzida muito cedo também no Ocidente. A introdução da Procissão dos Ramos nas Gálias e a Adoração da Cruz são elementos que se transplantaram muito cedo para o Ocidente e vieram dar um novo caráter à Liturgia em geral e em particular à Semana Santa.

O que caracteriza e distingue a Liturgia de Jerusalém da ocidental é o seu caráter histórico. No início a Páscoa refulgia pelo caráter mistérico. Era celebrada uma única festa, a do Mistério da Salvação: a Morte e a Ressurreição realizadas em Cristo e em nós por Cristo.

Enquanto as festas da cristandade primitiva, segundo H. Pétré, eram antes de tudo "festas ideológicas", isto é, expressão dos grandes mistérios religiosos – Encarnação e Redenção –, a Liturgia palestinense e sobretudo a de Jerusalém parecem antes uma reconstituição histórica, a comemoração deste ou daquele episódio da História Sagrada. Por isso, Etéria sublinha que os textos litúrgicos são exatamente adaptados ao tempo e ao lugar (cf. 25,10; 29,2.5; 30,l)[3].

---

3. Cf. PÉTRÉ, H. Op. cit., p. 65.

Parece, portanto, que não devemos subestimar este caráter "histórico" da Liturgia. Pois o homem deve ser tomado no seu todo: corpo e alma. Ele se manifesta através de gestos, ritos e ações; através de palavras, sim, mas também através de lugares que podem ser eloquentes. E tornam-se mais eloquentes na linha da salvação exatamente através da Palavra de Deus aí proclamada. Há muitas maneiras de se viver o mesmo Mistério de Cristo. O desdobramento deste Mistério nos diversos acontecimentos histórico-salvíficos talvez seja a maneira mais fácil de o povo conseguir vivê-lo com maior proveito.

Por que as encenações chamadas paraliturgias, o Lava-pés, a Via-Sacra, a Procissão do Encontro, a Procissão do Senhor dos Passos, o Beijo da Cruz, a Descida da Cruz, a Procissão do Senhor Morto e do Senhor Ressuscitado na forma popular da Semana Santa entre nós? Através de que forma o povo viverá melhor o Mistério da Redenção? À aplicação da Liturgia renovada da Semana Santa no Brasil certamente deveria preceder um sério estudo das formas populares.

Notemos que no culto de Jerusalém se realizava o engajamento do homem todo: procissões, estações, jejuns, gestos. Tudo isso recebia seu significado através das leituras da Sagrada Escritura, adaptadas aos tempos e lugares. Seguiam-se as orações compreendidas como resposta atual do povo e aplicação dos ensinamentos à vida prática. É de se notar uma grande familiaridade com a Sagrada Escritura.

Desta forma, o culto comunitário era realmente expressão da fé, da piedade e do amor dos cristãos. Rezava-se em comum, e rezava-se um pelo outro. As intenções eram formuladas pelo bispo ou pelo diácono. Tal familiaridade com a Bíblia, aplicada à vida, a união na oração e a Celebração da Eucaristia constituíam uma bela expressão da vida da Igreja de Jerusalém.

3) **O jejum** – Preciosas são as indicações sobre o jejum na Igreja de Jerusalém. Jejuava-se em certos dias durante a semana através de todo o ano, com exceção do período entre a Páscoa e Pentecostes. As quartas e sextas-feiras eram os dias normais de jejum durante o ano. Aos sábados e domingos não se jejuava nunca, nem sequer durante a Quaresma.

Um jejum especial de 40 dias preparava os fiéis e os catecúmenos para a Festa da Páscoa. Por causa dos 40 dias de jejum, a Quaresma durava 8 semanas. Como deviam ser descontados 8 domingos e 7 sábados, em que não se jejuava, ficavam 41 dias de jejum.

O modo de jejuar era livre. Ficava a critério das possibilidades de cada qual. Alguns guardavam o jejum toda a semana de domingo após a Missa até ao sábado de manhã após a Celebração Eucarística matinal. Essa Missa era bem cedo justamente para ir ao encontro dos que jejuavam durante a semana toda. Esses eram chamados de *hebdomadarii*, e certamente pertenciam ao grupo dos ascetas que jejuavam assim o ano todo, menos no tempo pascal.

Outros comiam de dois em dois dias e outros ainda faziam uma refeição por dia. Esta única refeição consistia em água e um pouco de mingau de farinha. Certamente nem todos os cristãos jejuavam desta forma. A liberdade e a iniciativa pessoal com que se seguia tal observância são dignas de imitação na vida cristã dos nossos tempos.

Pela penitência comunitária, além de imitar o Senhor, a Igreja toma consciência da necessidade de renúncia pessoal nas coisas lícitas para uma verdadeira conversão do coração para Deus, para o próximo e para as coisas criadas. Também nisso, há os que são mais generosos e desta forma se transformam em incentivo para os demais.

4) **A catequese** – A *Peregrinação de Etéria* é de máxima importância para o conhecimento do tipo de catequese, seu conteúdo e modalidade na Igreja primitiva e de modo particular na Igreja de Jerusalém, que para muitas coisas servia de exemplo.

As indicações de Etéria completam as informações sobre a catequese transmitidas por Cirilo de Jerusalém por volta de 348.

Antes de iniciar a Quaresma, um presbítero anotava os nomes de todos os candidatos ao Batismo (cf. 45,2.3). Não se fala da catequese pré-quaresmal.

No primeiro Domingo da Quaresma, de manhã cedo, realizava-se o rito da apresentação pública dos candidatos. Um por um, os competentes são chamados. Se são homens, eles vêm acompanhados dos padrinhos e se são mulheres, das madrinhas. O bispo interroga então um a um os acompanhantes para assegurar-se através de testemunhas dignas de fé sobre as disposições morais de cada um dos candidatos apresentados. Se forem julgados irrepreensíveis, o bispo anota de próprio punho o nome de cada um; se não, o bispo o convida a retirar-se, a se corrigir para depois voltar a pedir o Batismo. Há grande severidade em relação aos estrangeiros desconhecidos. Os padrinhos e as madrinhas podiam ser os próprios pais e mães dos batizandos[4].

---

4. Cf. MARTIMORT, A.G. *A Igreja em oração*, p. 630-632.

Vemos aqui que a necessidade de exames e preparação prévia exigidos hoje para o batismo pelo Novo Ritual[5] não constitui nada de novo.

Para os que eram aceitos, no dia seguinte tinham início as catequeses e os exorcismos, isto é, uma preparação próxima teórica e prática para o Batismo.

Estas catequeses eram ministradas pelo próprio bispo em todos os dias de jejum, ao término do Ofício matinal durante três horas, ou seja, das 6 às 9 horas. Os simples catecúmenos eram excluídos desta catequese, o que leva a concluir que a catequese não se restringia ao tempo da Quaresma. Mas todos os fiéis que quisessem podiam tomar parte.

Etéria nos apresenta dados interessantes sobre o conteúdo da catequese: "Começando do Gênesis, durante os quarenta dias, percorre inteiramente as Escrituras, explicando- as, primeiro, literalmente, e explicando-as, a seguir, espiritualmente. E também a respeito da Ressurreição e igualmente a respeito da fé, tudo é ensinado nesses dias: e isto se chama catequese" (46,2).

Decorridas cinco semanas do início da catequese, eles recebem o símbolo. A esta *traditio symboli* corresponde, 15 dias mais tarde, a *redditio symboli*. Durante

---

5. Cf. *Rito para batismo de crianças,* observações preliminares, n. 5 e 8 § 4.

estes 15 dias eles são instruídos sobre o símbolo, como antes sobre as Escrituras, primeiro em sentido literal e depois em sentido espiritual. Os fiéis participam também destas catequeses.

No último domingo, antes da Páscoa, o bispo lhes anuncia as catequeses mistagógicas, reservadas aos neobatizados, destinadas a lhes revelar os mistérios, isto é, explicar-lhes o sentido dos três sacramentos recebidos na noite da Páscoa: Batismo, Confirmação e Eucaristia. Esta catequese era dada durante os 8 dias depois da Páscoa. Havia também a participação dos fiéis.

Quanto à catequese e à pastoral da Iniciação cristã poderíamos realçar os seguintes pontos dignos de nota:

a) O conteúdo das catequeses é a mensagem da Salvação transmitida pelas Sagradas Escrituras. Interessante a distinção entre "explicação literal" e "explicação espiritual" das Escrituras. Em segundo lugar, as verdades da fé. Tudo isso unido a uma vivência prática expressa nos exorcismos e na exigência de uma vida irrepreensível.

b) A catequese de preparação próxima ao Batismo é de tal importância que o próprio bispo é quem a administra.

c) Verificamos a participação de todo o povo, tanto na catequese de preparação como na catequese mistagógica. Eles participam para serem instruídos melhor na religião. A catequese aparece como um ministério continuado da Igreja que não termina com a recepção dos Sacramentos da Iniciação. Hoje se tenta reintroduzir tal catequese na preparação dos pais para o Batismo de seus filhos.

d) Dentro da situação concreta da Igreja de Jerusalém, onde se encontram pessoas que falam línguas diferentes, procura-se traduzir os textos do grego para o siríaco a fim de que todos possam aproveitar da catequese (cf. 47,4). O mesmo critério se aplica à própria pregação do bispo. Vemos que o problema da inteligibilidade para uma participação proveitosa não é de hoje.

5) **A Hierarquia eclesiástica e os monges** – No relato de Etéria aparece claramente o povo cristão composto dos catecúmenos e fiéis, governados pelo bispo, assistidos por ministros que compõem o seu clero.

Distintos dos ministros e dos simples fiéis, os monges ocupam, neste tempo, um lugar importante na vida da Igreja de Jerusalém.

Cada qual exerce suas funções próprias: *Os bispos* são numerosos. Uns eram monges ou antigos monges muito versados nas Sagradas Escrituras (cf. 8,4; 9,2; 20,9).

Distinguem-se sobretudo pela prática da hospitalidade. Mas ocupam uma posição especial na celebração do culto. Em Jerusalém o bispo aparece em todas as cerimônias. Se durante o dia ele não assiste a todos os Ofícios, os monges procuram-no para as orações finais do louvor matinal, da Sexta e da Nona.

Aos domingos ele participa da Vigília desde o início. No Ofício da manhã tem a função de pregar e oferecer o Sacrifício, função que parece lhe ser reservada onde ele estiver presente. Nos dias de festa, acompanha todas as cerimônias, inclusive as procissões e estações nos diferentes santuários.

Além da presidência do culto, cabe-lhe como função essencial a instrução do povo cristão, pelas pregações aos domingos e dias de festa, nas quartas e sextas-feiras da Quaresma e pelas catequeses aos catecúmenos competentes com a participação do povo. Graças às descrições de Etéria, embora não nos dê o conteúdo das catequeses, conhecemos melhor a origem de tantos sermões de bispos célebres do fim do século IV chegados até nós.

Os presbíteros têm funções semelhantes às dos bispos. Onde não houver bispo, cabe-lhes oferecer o Sacrifício (cf. 4,8). Em Jerusalém alguns deles estão presentes nos Ofícios. Só eles têm o direito de dizer as orações na ausência do bispo (cf. 24,1). Participam igualmente da função do bispo de ensinar, pregando muitas vezes antes de o bispo tomar a palavra.

Os diáconos são muitas vezes mencionados. Eles exercem duas funções principais: Com os sacerdotes, eles orientam os Ofícios, sobretudo nas Vigílias, e assistem ao bispo nas reuniões solenes, tendo, entre outras, a função de proclamar intenções na oração dos fiéis na celebração do *Lucernare* ou seja, do Ofício vespertino, e convidar os fiéis à inclinação da cabeça para a bênção dada pelo bispo na despedida dos Ofícios.

Os outros ministros inferiores são denominados *clerici*, distinguindo-se entre eles os *leitores* e os *exorcistas* (cf. 24,9; 46,1).

O nosso texto traz também uma contribuição considerável ao conhecimento da *vida dos monges* no século IV. Etéria encontrou-os ao longo de todo o caminho percorrido, no Sinai, no Egito, na Síria e na Mesopotâmia.

Habitavam em geral regiões isoladas, de preferência lugares que evocavam grandes acontecimentos da História da Salvação. Parece que eles tinham consciência de que a mensagem salvífica não se transmite apenas pelos textos bíblicos ou pelos lugares sagrados, mas que devia ser transmitida também por pessoas através de sua vida e testemunho. Os monges são como que o prolongamento vivo das mensagens divinas transmitidas por pessoas e lugares, e sobretudo dos lugares onde Cristo realizou as maiores ações salvíficas.

Seus "mosteiros", tipos de ermitérios, aparecem em geral agrupados ao redor de uma igreja, onde vivia um sacerdote (cf. 3,4). Parece que em Jerusalém já havia alguns inícios de vida comum. Conforme Etéria, "eles desciam" para os Ofícios (cf. 24,3). Mas eles têm consciência de que são da Igreja e nela estão integrados. Eram, enfim, homens e mulheres dedicados à vida de oração e à penitência, sem estarem totalmente separados do mundo, vivendo por vezes somente de esmolas ou conservando a administração de seus bens que revertiam em benefício dos pobres.

Nos Santuários do deserto eles se manifestavam prestimosos em receber e guiar os peregrinos (cf. 11,1). Eles deixaram uma profunda impressão em Etéria por sua vida santa. Levavam realmente uma vida de oração e trabalho.

Em Jerusalém eles influenciaram profundamente o ritmo do Ofício das Horas, introduzindo as chamadas Horas Menores, segundo o cômputo do tempo do mundo romano.

Temos, portanto, uma manifestação de uma vida religiosa bastante pluriforme, que poderia trazer alguma luz para a renovação da vida religiosa na Igreja hodierna.

6) **A Celebração Eucarística** – Etéria não nos descreve a celebração da Eucaristia, certamente porque não

se diferenciava muito dos usos da terra de origem, pelo que não interessaria às suas irmãs.

Contudo, transparecem alguns poucos elementos dignos de nota:

Em primeiro lugar, na medida do possível celebrava-se a Eucaristia nos diversos Santuários, onde chegassem os peregrinos.

Celebrava-se a Eucaristia aos domingos e nos dias de jejum durante o ano, isto é, às quartas e sextas-feiras. Na Quaresma era celebrada aos domingos e aos sábados bem cedo como término do jejum semanal.

Nos dias de festa acrescentam-se outras celebrações comemorativas. Nestas ocasiões já encontramos a repetição de Celebrações Eucarísticas votivas. Assim na Vigília Pascal, a Missa do Batismo e, logo em seguida, a da *Anástasis,* comemorando a Ressurreição do Senhor no seu Santuário (cf. 38,2), e, na Festa de Pentecostes, a primeira Missa no *Martyrium* e depois, na igreja do Sion, comemorando a descida do Espírito Santo (cf. 43,2.3). Por um lado, este fato nos indica que a Eucaristia muitas vezes é condicionada por circunstâncias especiais que a favorecem e delas recebe um colorido especial; contudo, teríamos aqui também os primeiros indícios de uma multiplicação abusiva de Missas votivas, que mais tarde se multiplicaram desmesuradamente.

Notamos, por fim, que a pregação é muito abundante. O principal pregador é o bispo, mas antes dele falam também os presbíteros. A autora nos diz que o conteúdo dessas pregações durante os Ofícios e a Celebração Eucarística é "a instrução do povo nas Escrituras e no amor de Deus" (25-1). Tratava-se da explicação das leituras bíblicas, aplicando-as à vida prática dos fiéis.

São estas algumas considerações sobre a obra que apresentamos aos leitores. Cada qual, conforme seu interesse, tirará muitas outras conclusões, haurindo coisas novas de arcas velhas, num sincero esforço de retorno às fontes, não para transportá-las ao nosso tempo, mas para delas aprender.

Bibliografia

A Bíblia de Jerusalém. São Paulo: Paulinas, 1973.

AUGUSTIN, Saint. *Les Confessions*. Tome II^c. Paris: Editions Gamier Frères, 1960 [Traduction nouvelle avec Introduction et Notes par Joseph Trabucco].

Bíblia Sagrada. São Paulo: Paulinas, 1967 [Tradução dos textos originais, com notas, dirigida pelo Pontifício Instituto Bíblico de Roma].

BLAISE, A. *Dictionnaire Latin-Français des Auteurs Chrètiens*. Strasbourg: "Le Latin Chrétien", 1954.

CABROL, F. & LECLERCQ, H. *Dictionnaire d'Archéologie Chrétienne et de* Liturgie. Vol. V. Paris: Librairie Letouzey et Ané, 1927.

FONDA, E.A. *A Síntese do Itinerarium Aetheriae*. Assis: Faculdade de Filosofia, Ciências e Letras, 1966.

GRANDGENT, C.H. *Introducción al Latín Vulgar*. Madri: Publicaciones de la Revista de Filologia Española, 1952.

Itinerarium Egeriae. In: *Itinerária et Alia Geographica*. Turnholti: Typographi Brepols, Editores Pontificii, 1965, p. 27-103 [Corpus Christianorum, vol. CLXXV].

JUNGMANN, A. *El Sacrifício de la Misa*. Madri: Editorial Herder – La Editorial Católica, S.A., 1953.

LEMAIRE, P. & BALDI, D. *Atlas Biblique* – Histoire et Géographie de la Bible, Louvain. Paris: Editions du Mont César/S.D.E.C., 1960.

MARTIMORT, A.G. A Igreja em oração – Introdução à Liturgia. Mosteiro de Singeverga: Desclée & Cie, 1965.

MAURER Jr., T.H. *Gramática do latim vulgar*. Rio de Janeiro: Livraria Acadêmica, 1959.

MEER, F. van der & MOHRMANN, C. Atlas de l'Antiquité *Chrétienne*. Paris/Bruxelles: Editions Sequoia, 1960.

O problema do latim vulgar. Rio de Janeiro: Livraria Acadêmica, 1962.

PÉTRÉ, H. *Éthérie* – Journal de Voyage. Paris: Les Editions du Cerf, 1964.

PLATÃO. *Crátilo*. Lisboa: Livraria Sá da Costa Editora, 1963 [Versão do grego, prefácio e notas pelo Padre Dias Palmeira].

RIGHETTI, M. *Historia de la Liturgia*, Tomo II. Madri: Biblioteca de Autores Cristianos, 1965.

SILVA NETO, S. *História do latim vulgar*. Rio de Janeiro: Livraria Acadêmica, 1957.

VÄÄNÄNEN, V. Introducción al Latín Vulgar. Madri: Editorial Gredos, 1967 [Versão do espanhol de Manuel Carrión].

VIDOS, B.E. Manual de Linguística Románica. Madri: Aguilar, 1968 [Traducción de la edición italiana por Francisco de B. Moll].

VINCENT, Mons. A. *Dicionário Bíblico*. São Paulo: Paulinas, 1969.

Glossário

Este Glossário não pretende estudar os vocábulos em todos os seus significados ou na sua história; visa, apenas, explicá-los no texto.

ager, agri, m. (cl.) – 1. campo. – 2. Território, país; *ager publicus*: território do Estado.

agger, -eris, m. (cl.) – 1. barricada, muralha. – 2. Estrada pública ou militar.

altarium -ii, n. ou *altar (e), -is,* n. (cl. geralmente no pl.) – 1. Altar do sacrifício. – 2. entre os hebreus, outeiro de terra ou de pedra destinado ao sacrifício. 3. altar celeste do Apocalipse. – 4. altar dos cristãos onde se celebra o Santo Sacrifício da Missa. – 5. parte de igreja onde se ergue o altar. Cf. *ara*.

Anástasis, cf. nota 38.

antiphona, -ae, f. (gr.) – estribilho intercalado entre os versos de um salmo, pode ter existência própria independente do salmo.

apostolus, -i, m. (gr.) – 1. enviado. – 2. apóstolo, enviado pelo Cristo. – 3. o Apóstolo: São Paulo, – 4. (pl.)
santuários consagrados aos apóstolos.

aputactitae ou *apotactitae, -arum* (gr.) – 1. renunciantes
– 2 ascetas – homens e mulheres, assíduos aos ofícios,
jejuavam por vezes semanas inteiras e não comiam senão uma vez ao dia. No texto, *aputactitae,-e.* – Cf.
hebdomadarii – monazontes.

ara -ae f (cl.) – altar; nos primeiros séculos o termo ra-
ramente se emprega designando um altar cristão: caracteriza os primeiros cristãos, entre outros o fato de
não terem altares nem templos. Cf. São Paulo, 1Cor
3,16; 6,19.

ascetae, -arum, m. ou *ascites,* pl. *ascites* (gr.) – ascetas,
primitivamente monges ou leigos que viviam na solidão. Cf. *confessor.*

bispo, cf. *episcopus.*

catechumenus (catic-), -i, m. (gr.) – aquele que se instrui
na religião catecúmeno; ainda não foi batizado e nem
se inscreveu para o Batismo (ou não foi aceito); os ins-
critos são os *competentes;* os recém-batizados, neófitos;
os batizados há mais de um ano, fiéis. Cf. notas 68,
69, 72, 76, cf. tb. *fidelis, neophytus.*

clericus -i m. (gr.) – 1. clérigo. – 2. aparece geralmente
no pl. designando os membros do clero: os padres,

diáconos e subdiáconos. É a seguinte a hierarquia na *Pereg.: episcopi presbyteri, clerici – archidiaconi, diaconi (subdiaconi), ascites – confessores, monachi – monazontes, fratres* pertenciam ou não ao clero; os *aputactitae* podiam ser homens – pertencentes ou não ao clero – ou mulheres, havia ainda os *hebdomadarii,* as *sorores* – monjas ou leigas – e todos os outros *laici.*

clerus, -i, m. ou clerus, *-us,* m. (gr.) – herança; no sentido espiritual – herança do Senhor; clero.

communico, -aui, atum, are (communis), tr. intr. (cl.) – 1. participar, dividir, receber em comum. – 2. estar em relações com a Igreja, com os outros cristãos. – 3. participar, com os outros fiéis, do corpo e do sangue de Cristo, comungar.

confessor, -oris, m. (pós-cl.) – 1. confessor da fé: o que se mantém firme na fé durante as perseguições. – 2. asceta. – 3. cristão. Cf. *asceta, monachus.*

crux, crucis, cf. nota 38.

diaconus, -i, m. (gr.) – diácono: clérigo encarregado da distribuição das esmolas, da administração temporal, da leitura do Evangelho; o termo designa, inicialmente, todas as ordens inferiores. Cf. *clericus;* cf. Martimort, A.G. *A Igreja em oração,* p. 575.

Encenia, ou *Encaenia, -orum*: neutro, cf. nota 80. No texto, *-arum.*

eortae, p. *eorte*, *-es*, f. (gr.) – 1. festa. – 2. jejum de quarenta dias; este sentido só se encontra em Etéria (27,1).

episcopus, *-i*, m. (gr.) – 1. chefe. – 2. chefe da comunidade cristã.

ermitério, cf. *monasterium*.

estrada, cf. *ager, agger.*

eulogia, *-ae*, f. (gr.) – 1. eucaristia. – 2. pão bento que sobra, não consagrado e que se oferece ao povo em sinal de comunhão e caridade, ou aos amigos em sinal de afeição. – 3. presente – de pão ou outra coisa.

fabrica, *-ae*, f. (cl.) – 1. estrutura, composição. – 2. construção – ainda hoje se diz *fabrica Ecclesiae* designando o Conselho ou a Diretoria de uma igreja.

fidelis, -e (c1.) – 1. verídico. – 2. fiel, discípulo de Cristo – 3 o que foi batizado há mais de um ano.

fons, fontis, m. (há ex. no f.) – 1. fonte, origem (pr. e fig. cl.) – 2. fontes batismais, água batismal, Batismo. – 3. fonte da vida nova: o simbolismo da água no Batismo é *vida nova* (cf. Jo 3,5-6)

fratres e *sorores:* estas expressões podem designar monges e freiras ou tão somente seguidores de Jesus.

glória, cf. *maiestas.*

gruta, cf. *spelunca.*

hebdomadarius, -ii, m. (gr.) – aquele que jejua uma semana inteira, ou monge desempenhando a função durante a semana. No texto, *ebdomadarius.*

infans, infantis (adj. e subst., cl.) – 1. o que não fala, daí o sentido de criança. – 2. os recém-nascidos pelo Batismo, isto é, os recém-batizados.

irmãs e irmãos, cf. *fratres* e *sorores.*

laicus, -a, -um (gr.) – 1. comum, não consagrado. – 2. não pertencente ao clero; leigo.

lâmpada, cf. *lucerna.*

licinicon, -i, n. p. *lychnicon* (gr.) – 1. lampadazinha. – 2. ofício da tarde, vésperas. Cf. *lucernare.*

locus, -i, m. – 1. lugar. – 2. ocasião. – 3. posto. – 4. situação, estado. – 5. passo de um escrito, de um discurso. – 6. túmulo; igreja situada ao lado da sepultura; lugar consagrado.

lucerna, -ae, f. (cl.) – 1. lâmpada de azeite em oposição a *candela* (primitivamente de cera, depois também de azeite). – 2. (simb.) lâmpada, guia.

lucernare, -is, n. e *lucernarium, -ii,* n. – 1. começo da noite, hora em que se acendem as lâmpadas. – 2. ofício da tarde, vésperas.

madrinha, cf. *mater.*

maiestas, -atis, f. (cl.) – 1. majestade, honra, poder. – 2. divindade em oposição a criatura. (Cf. VINCENT, A. *Dic. Bíblico,* art. *Glória, Glória de Deus.*)

maravilhoso, cf. *mirabilia.*

martyrium, -ii, n. (gr.) – 1. testemunho. – 2. túmulo de um mártir, santuário dedicado a um mártir ou que lhe contenha as relíquias. (Cf. *Pereg.* 7,7; 25,3; 30,2; cf. nota 38.)

mater, matris, f. (cl.) – mãe, fonte, causa; *mater spiritualis* – madrinha; *mater* pode, entretanto, significar madrinha, muito embora, na verdade, o pai e a mãe trouxessem, geralmente, os aspirantes ao Batismo. (Cf. Martimort, *A Igreja em oração,* p. 630-632.)

memória, -ae, f. (cl.) – 1. memória, lembrança. – 2. celebração. – 3. monumento à lembrança. – 4. sepulcro.

méritos, cf. *mirabilia, uirtutes.* Cf. *Pereg.* 13,1.

mirabilis, -e (cl.) – 1. admirável. – 2. (subst. n. pl.) milagres.

missa, -ae, f. – 1. ação de deixar partir. – 2. expressão que designa a dispensa de qualquer reunião. – 3. dispensa dos catecúmenos após as primeiras orações e o sermão. – 4. dispensa após a Oblação. – 5. ofício divino, celebração litúrgica. – 6. o Santo Sacrifício da Missa.

monachus, -i, m. (gr.) – 1. monge. – 2. solitário, eremita; vivia só, mas sua cabana podia ser vizinha a outras na montanha. – 3. no Oriente a palavra talvez evocasse a ideia de celibato. Cf. *asceta, confessor, clericus.*

monasterium, -ii, n. (gr.) – 1. habitação de monge só, ermida. – 2. mosteiro onde se vive em comum.

monazontes, de *monazon, -tis*, m. (gr.) – monge, celibatário virgem. Cf. *clericus.*

mysterium, -ii, n. (gr., aparece no cl. geralmente no pl.) – 1. cerimônias secretas em honra de uma divindade. – 2. segredo do plano divino. – 3. símbolo. – 4. doutrina revelada, ensinamento sagrado. – 5. realização da obra redentora de Cristo. – 6. Eucaristia. – 7. de maneira geral, no cristianismo, os sacramentos, donde o nome de catequese *mistagógica* à explicação dos sacramentos. No texto *misterium.*

neophytus, -i (gr.) – recém-convertido: de *neophytus, -a*, recém-plantado. No texto, *neofiti.*

oblatio, -onis, f. (pós-cl.) – 1. ação de oferecer, de dar voluntariamente. – 2. Sacrifício Eucarístico, Missa. Cf. nota 54.

Paralipomena, -on, n. (gr.) – o que foi deixado de lado. Cf. nota 81.

parthenae, -arum, m. (gr. virgem) – monges ou celibatários. No texto *parthene.*

pascha, -ae, f. (gr.) – Páscoa. *Entre os hebreus:* 1. fusão de duas festas outrora independentes – festa das primícias do rebanho (Ex 13,11; 34,19) e festa dos ázimos (Ex 12,1-27) dotadas, mais tarde, de significado histórico – passagem do Anjo Exterminador e saída do Egito, portanto *salvação* do povo de Israel. – 2. cordeiro pascal que os judeus comiam com pão sem fermento, celebrando a Páscoa. *Entre os cristãos:* 1. festa da Ressurreição do Senhor. – 2. (simb.) Cordeiro Pascal, Jesus. A Páscoa judia prepara a Páscoa cristã. (Cf. *Bíblia de Jerusalém*, p. 90, nota q; Vincent, *Dic. Bíblico,* art. *Páscoa).* – 3. primitivamente, sexta-feira – primeiro dia do *triduum.* (Cf. MARTIMORT. *A Igreja em oração,* p. 804.)

pater, patris, m. (cl.) – 1. ancestral. – 2. (fig.) autor. – 3. Pai, Deus Criador. – 4. padrinho. Cf. *mater.*

patrinus, -i, m. padrinho.

Pentecoste, -es, f. (gr.) – cf. nota 65.

presbyter, -eri, m. (gr.) – 1. dignitário. – 2. sacerdote, chefe da comunidade cristã. Cf. *clericus.*

psalmus, -i, m. (gr.) – 1. canto executado sobre um instrumento de cordas. – 2. cântico, salmo.

sella, -ae (sedla, sedeo) (cl.) – 1. assento, cadeira. – 2. cadeirinha de transporte, liteira (a liteira era sustentada por dois varais compridos e conduzida por duas mulas). – 3. sela. Cf. nota 2.

sepulcro, cf. martyrium, memória.

sorores, cf. *fratres.*

spelunca, -ae, f. (gr.) – 1. gruta, caverna. – 2. grata sepul-
cral. – 3. sepulcro do Senhor (*Pereg.* 16,2).

symbolum, -i, n. também m. (gr.) – 1. sinal. – 2. resumo
das principais verdades cristãs. – 3. Profissão de Fé
que se faz no Batismo. Cf. nota 68.

trecho, cf. *locus.*

Roteiro da Viagem

Parte I – Do Mar Vermelho a Constantinopla

Ao sul do deserto de Faran

O vale

1. [1](LACUNA) e tudo quanto nos mostravam estava de acordo com as Escrituras. Enquanto isso, fomos chegando a um lugar onde aqueles montes, por entre os quais caminhávamos, separam-se formando um vale imenso de se perder de vista, muito plano e belíssimo; além dele, mostra-se o Sinai, a montanha sagrada de Deus[1].

Este sítio onde se abrem as montanhas liga-se àquele onde se encontram os sepulcros* da avidez (Nm 11,34). [2]Chegando nós a esse lugar, disseram-nos os santos guias

---

1. O texto original latino pode ser encontrado em: *Corpus Scriptorum Ecclesiasticorum Latinorum*, 39, p. 35-101 e na coleção *Sources Chrétiennes*, 21. Os títulos foram introduzidos no texto para favorecer a leitura. Os termos assinalados com um asterisco (*) podem ser encontrados no glossário que visa explicá-los no texto.

que estavam conosco: "É costume rezarem, aqui, uma prece aqueles que daqui veem, pela primeira vez, a montanha de Deus"; e assim o fizemos, nós também. Há, talvez, daí até o Sinai, quatro milhas ao todo, através do vale que chamei imenso.

2. [1]É, sem dúvida, enorme esse vale, estendendo-se pelo lado do outeiro santo, e pode ter, mais ou menos, pelo que pudemos avaliar por nós mesmos e pelo que diziam os guias, dezesseis mil passos de comprimento e, de largura, quatro mil, segundo eles. E nós tínhamos de atravessá-lo para atingir a montanha.

[2]Este é o vale imenso e absolutamente plano onde os filhos de Israel se detiveram quando o santo Moisés subiu ao monte do Senhor e lá permaneceu durante quarenta dias e quarenta noites (Ex 24,18). Este é o vale no qual fundiram o bezerro (Ex 32,1-6), e o ponto onde foi fundido pode ser visto ainda, até hoje, pois nele se ergue uma grande pedra solidamente fincada. Este é também o mesmo vale na extremidade do qual se encontra aquele sítio em que Deus, de dentro de uma sarça ardente, falou pela segunda vez ao justo Moisés que apascentava os rebanhos do sogro (Ex 3,1ss.).

[3]E já que para nós o caminho consistia em subir a montanha de Deus que daqui se vê – porque, do lado por onde vínhamos, a subida era mais fácil – e de lá novamente descer até aquela entrada do vale que corresponde ao lugar da sarça – pois por ali era mais fácil

a descida do monte sagrado – então decidimos que, depois de vermos tudo quanto desejávamos, descendo da montanha de Deus àquele sítio da sarça, percorreríamos o vale todo pelo meio, no sentido do comprimento, e voltaríamos ao nosso caminho com os guias, que nos mostravam, através desse vale, cada um dos lugares de que falam as Escrituras. E assim foi feito.

[4]Para nós, portanto, que vínhamos daquele ponto onde rezáramos ao chegar de Faran, esse foi o caminho: atravessamos pelo meio a entrada do vale e assim nos aproximamos da montanha de Deus.

O Sinai

[5]Esse monte parece o único em toda a região, porém, nela penetrando, vê-se que há muitos outros e o conjunto é que se denomina "montanha de Deus"; distingue-se, entre todos, aquele em cujo cimo fica o lugar onde desceu a glória* de Deus, como está escrito (Ex 19,18ss.; 24,16).

[6]E ainda que todos estes, ao redor, sejam tão altos que eu penso, mesmo, jamais ter visto semelhante, ainda assim o do meio, no qual desceu a majestade* de Deus, é tão maior do que os outros que, quando o escalamos, todos os montes, sem exceção, que nos tinham parecido elevados, ficaram bem abaixo de nós como se fossem outeirinhos muito pequenos.

[7]É realmente admirável e, creio, não seria possível sem a graça de Deus, o fato de que o monte do meio – o Sinai, propriamente dito, no qual desceu a majestade do Senhor – sendo embora mais alto do que todos, ainda assim não possa ser visto a menos que se chegue até a sua própria base, antes de o escalar; quando, realizado esse desejo, se torna a descê-lo, ele é visto então de frente, o que antes da subida era impossível. Eu já sabia disso, porém, antes de chegarmos à montanha de Deus, por referências dos nossos irmãos e, depois que lá cheguei, vi, claramente, que era assim mesmo.

A escalada

3. [1]No sábado à tarde, portanto, caminhamos para o monte e chegamos a algumas ermidas*; acolheram-nos com bondade os monges* que ali viviam, dispensando-nos a maior cortesia; havia, também, uma igreja e um sacerdote. Ali, pois, permanecemos aquela noite e, domingo, ao nascer do dia, começamos a subir cada um dos montes com o mesmo sacerdote e com os monges que por ali moravam. Esses montes são escalados com imenso esforço já que se não pode subi-los contornando-os suavemente, em espiral, como se diz, mas é preciso galgá-los de uma vez, em linha reta, como se fossem paredes e em linha reta é preciso descê-los, um após o outro, até chegar à raiz do que se encontra no meio e que é o Sinai, propriamente dito.

[2]Assim, pela vontade de Cristo nosso Deus, e com a ajuda das orações dos santos que nos acompanhavam e também com grande fadiga – porque eu era obrigada a subir a pé, uma vez que se não podia absolutamente subir de liteira[2] (todavia esse mesmo sofrimento eu não sentia, e se o não sentia é porque via realizar-se, com a ajuda de Deus, o meu desejo) – chegamos, à hora quarta (dez horas), ao próprio cimo da montanha sagrada de Deus, o Sinai, onde a lei fora entregue, isto é, ao lugar onde descera a glória de Deus, no dia em que o monte fumegara (Ex 19,18)[3].

O alto do Monte Sinai

[3]Há, agora, nesse lugar, uma igreja – não muito grande, já que o próprio local, isto é, o cimo do monte,

---

2. No texto *sella:* liteira? sela? Teria Etéria empregado cavalos, além das mulas (11,4) e dos prováveis camelos (6,1-3)? A. Blaise (cf. *Dictionnaire Latin-Français des Auteurs Chrétiens,* art. *sella)* prefere supor "sela", portanto cavalos. Preferimos "liteira" (cf. *glossário,* art. *sella).*

3. Deus não podia ser visto (cf. Ex 20,4; Dt 4,11ss.); manifestava-se de diversas formas a sua glória; a essas manifestações dá-se o nome de Teofanias (cf. Ex 19,16, nota *n* na *Bíblia de Jerusalém,* citada na Bibliografia).

também não é muito grande; a igreja é, porém, por si mesma, de grande beleza.

⁴Atingindo nós, então, pela vontade de Deus, esse cume e chegando até a entrada da igreja, eis que correu ao nosso encontro, vindo do seu mosteiro, o presbítero por ela responsável, velho íntegro, monge desde a juventude e, como aqui dizem, asceta*; em suma, um homem digno de ali estar. Também acorreram outros sacerdotes, e nem deixaram de vir também todos os monges que ali moravam, perto daquela montanha; isto é, pelo menos os que não foram impedidos pela fraqueza ou pela idade.

⁵Na verdade, porém, na própria crista do monte do meio, ninguém mora, e nada há ali senão a igreja, isolada, e a gruta onde esteve o santo Moisés (Ex 33,22).

⁶Logo que saímos da igreja, depois de lermos, no próprio local, todo o passo correspondente do Livro de Moisés, depois de fazermos a Oblação, segundo o costume, e de comungarmos, os presbíteros do lugar nos deram eulógias*, isto é, frutas naturais dali mesmo do monte. Embora a montanha santa do Sinai seja toda de pedra, a tal ponto que nem tenha um arbusto, ainda assim, embaixo, junto ao sopé desses montes, isto é, em volta do que está no meio, ou em volta dos que o rodeiam, há um bocadinho de terra; os santos monges, eles próprios, plantando constantemente arvorezinhas e

construindo pomarezinhos e lavouras, colhem, mesmo ao pé de seus mosteiros, como se os colhessem da terra do próprio monte, alguns frutos que, contudo, resultam do trabalho de suas próprias mãos.

[7]Então, depois de comungarmos e de aqueles santos nos darem as eulógias e sairmos pela porta da igreja, pedi-lhes nos mostrassem todos os lugares, um por um. Imediatamente, aqueles homens santos se dignaram mostrar-nos tudo. Levaram-nos, efetivamente, à gruta onde estivera Moisés quando, pela segunda vez, subira à montanha de Deus (Ex 34,1ss.), para receber novamente as tábuas depois de quebrar as primeiras por causa do povo pecador (Ex 32,19); também se dignaram mostrar-nos todos os outros sítios que desejávamos ver e os que eles mesmos conheciam melhor.

[8]Quero que saibais também, senhoras, minhas veneráveis irmãs, que do lugar onde estávamos – rodeando a igreja, no alto desse monte do centro – víamos, muito abaixo de nós, aqueles morros que, com tanta dificuldade, escaláramos primeiro; comparados com o do meio, onde nos encontrávamos, pareciam outeirinhos; eram tão grandes, contudo, que eu pensava nunca antes ter visto outros maiores a não ser este mesmo do centro que de muito os excedia. O Egito e a Palestina, o Mar Vermelho e o Mar Partênico que leva a Alexandria, e também o território dos sarracenos, imenso, víamos, de

lá, tão abaixo de nós que é difícil crer; e no entanto os santos nos mostravam cada um desses lugares.

A descida

4. [1]Depois de satisfazer o desejo pelo qual nos apressáramos em subir, começamos a descer do cimo do monte de Deus, ao qual subíramos, por um outro monte que a ele se une, que se chama Horeb e onde há uma igreja. [2]Este é o Horeb onde esteve o justo Elias, o profeta, fugindo do rei Acab, e onde lhe falou Deus, dizendo: "Que fazes tu aqui, Elias?" – como está escrito nos Livros dos Reis (1Rs 19,9). Realmente, a gruta onde se escondeu o santo Elias ainda hoje se vê diante da porta da igreja que existe ali; também se vê o altar* de pedra que construiu o próprio santo Elias para oferecer a Deus o sacrifício; e assim, dignavam-se os santos mostrar-nos tudo.

[3]Fizemos uma Oblação e uma oração fervorosa e lemos o mesmo passo no Livro dos Reis; isso, na verdade, era de suma importância para nós: (LACUNA) eu desejava sempre que, onde quer que chegássemos, lêssemos, no Livro, o trecho correspondente.

[4]Depois de fazermos a Oblação, dirigimo-nos ainda a um outro sítio, não longe de nós e que nos mostravam os sacerdotes e monges, quero dizer, o lugar onde se mantivera o justo Aarão com os setenta anciãos, enquanto o santo Moisés fora receber do Senhor a lei

para os filhos de Israel (Ex 24,9-14). Aí, não havendo embora nenhum abrigo, há, contudo, uma pedra imensa, terminando numa superfície plana onde, segundo dizem, permaneceram os santos; no meio, há como que um altar feito de pedras. Lemos então o passo do Livro de Moisés e dissemos um salmo* adequado ao lugar; e, depois de rezarmos, tornamos a descer.

A volta

[5]Eis que era quase a hora oitava (duas horas), talvez, e ainda nos restavam três milhas para sairmos completamente daqueles montes onde tínhamos entrado na véspera à tarde; mas, porque precisávamos percorrer todos os lugares santos e ver todos os ermitérios* que houvesse, não devíamos sair pelo mesmo caminho pelo qual entráramos, segundo contei, mas pela extremidade do vale que acima descrevi; refiro-me ao vale que se estende até a base da montanha de Deus. [6]E devíamos sair pela extremidade do vale porque havia ali numerosas habitações de homens santos e uma igreja no lugar da sarça, que ainda, até hoje, vive e brota.

"Desata a correia do teu calçado"

[7]Assim, pois, descendo do monte de Deus, chegamos à sarça mais ou menos à hora décima (quatro

horas). Esta é a sarça que mencionei, do meio da qual, em fogo, Deus falou a Moisés (Ex 3,lss.) e que está exatamente no lugar onde há os numerosos ermitérios e a igreja, na extremidade do vale. Há, ante essa igreja, um jardim agradabilíssimo, com água ótima e abundante, e é neste jardim que se encontra a sarça.

[8]Vê-se também aí, bem junto, o lugar onde estava o santo Moisés (Ex 3,5) quando lhe disse Deus: "Desata a correia do teu calçado" etc. Ao chegarmos a esse local era já a hora décima e, porque era tarde, não mais pudemos fazer a Oblação. Rezamos, porém, a oração na igreja e igualmente no horto, junto à sarça; lemos também o passo adequado do Livro de Moisés, como era nosso costume, e também, porque era tarde, merendamos ali mesmo no jardim, diante da sarça, com os santos; pela mesma razão aí acampamos. No dia seguinte, acordando bem cedo, pedimos aos sacerdotes que aí mesmo se fizesse a Oblação, o que se fez.

5. [1]O nosso caminho consistia em atravessar, pelo meio, no sentido do comprimento, o vale a que anteriormente me referi, onde haviam permanecido os filhos de Israel enquanto Moisés subira ao monte de Deus e tornara a descer; voltando nós, pois, pelo vale todo, mostravam-nos os santos, sempre, cada lugar.

[2]Bem na extremidade do vale onde acampamos e vimos a sarça de dentro da qual falara Deus ao santo

Moisés, do meio do fogo, vimos também o lugar onde Moisés estivera de pé, diante da sarça, ao dizer-lhe Deus: "Desata a correia do teu calçado, pois o lugar onde estás é terra santa" (Ex 3,5).

[3]Afastando-nos nós então do arbusto, foram nos mostrando eles todos os outros sítios.

O bezerro de ouro

Mostraram-nos o lugar do acampamento dos filhos de Israel durante aqueles dias em que Moisés estivera no monte. Mostraram-nos também o local onde se construíra o bezerro, porque aí se ergue ainda, até hoje, uma grande pedra.

[4]E agora nós, à medida que caminhávamos, víamos, do outro lado, contemplando o vale todo, o alto do morro de onde o santo Moisés vira os filhos de Israel dançando, naqueles dias em que construíram o bezerro. Mostraram-nos ainda o lugar em que descera o santo Moisés com Josué, filho de Nave[4], uma pedra enorme, contra a qual, irado, quebrara ele as tábuas que trazia (Ex 32,19).

---

4. Josué, filho de Nave, é o mesmo Josué, filho de Nun (cf. Ex 33,1; Nm 11,28; 13,8.16; Js 1,1; Eclo 46,1; cf. BLAISE, A. Op. cit., art. *Hiesus*. Traz a Vulgata *Jesus Nave;* cf. Eclo 46,1).

O acampamento dos Filhos de Israel

[5]Mostraram-nos também de que maneira, nesse vale, todos eles tiveram sua casa, e os alicerces dessas casas ainda, até hoje, realmente, aparecem dispostos em círculos de pedra, assim como foram. Igualmente nos mostraram o lugar onde, ao voltar do monte, o santo Moisés ordenara aos filhos de Israel que passassem "de porta em porta" (Ex 32,27).

[6]E também o lugar onde, por ordem do próprio Moisés, foi queimado o bezerro que para eles fizera Aarão (Ex 32,20); e a torrente da qual beberam o santo Moisés e os filhos de Israel, como está escrito no Êxodo (Ex 17,5-6).

[7]Mostraram-nos ainda o lugar onde setenta homens receberam, de Moisés, o espírito divino (Nm 11,25); e o sítio onde os filhos de Israel foram vítimas da cobiça dos alimentos (Nm 11,4). Do mesmo modo, mostraram-nos o sítio que se chama Incêndio[5] porque se queimara uma parte do acampamento (Nm 11,1-3) e, rezando o justo Moisés, o fogo cessara.

[8]E também o lugar onde choveram, para eles, maná e codornizes (Ex 16,13-14; Nm 11,31). Assim,

---

5. "...chamaram aquele lugar 'Taberá'... 'Taberá' quer dizer 'labareda', 'incêndio'". No texto *incendium* (cf. Nm 11,3, nota na *Bíblia Sagrada,* tradução dos textos originais, com notas, dirigida pelo Pontifício Instituto Bíblico de Roma).

pois, minuciosamente, tudo quanto, segundo os Livros Santos de Moisés, se passara nesse lugar, isto é, no vale que eu disse estender-se até a base do monte de Deus – o santo Sinai – tudo nos foi mostrado. Descrevê-lo pormenorizadamente seria demais, mesmo porque nem se poderiam lembrar tantas minúcias; mas, lendo Vossa Bondade os Livros Santos de Moisés, compreenderá melhor os fatos que ali aconteceram.

[9]Este é o vale onde foi celebrada a Páscoa* um ano após terem partido da terra do Egito os filhos de Israel (Nm 9,1-5) que aí se demoraram algum tempo, enquanto o santo Moisés subiu ao monte de Deus e de lá desceu, uma primeira e uma segunda vez; de novo aí permaneceram enquanto construíram o tabernáculo e tudo o que nos foi mostrado no monte de Deus; pois vimos também o ponto em que fora erguido por Moisés o primitivo tabernáculo e onde foram executados todos os atos que Deus lhe ordenara executasse na montanha (Ex 40,16-33).

[10]Vimos ainda os sepulcros da avidez na extremidade do vale, no lugar por onde tornamos ao nosso caminho, quero dizer onde, saindo do grande vale, reentramos na estrada pela qual viéramos, entre os montes que eu, acima, descrevi.

Os monges

Nesse mesmo dia, fomos ter com outros monges muito santos que, porém, pela sua idade ou fraqueza, não podiam ir à montanha de Deus para fazer a Oblação mas se dignaram acolher com a maior bondade a nossa chegada a seus mosteiros.

[11]E assim, depois de vermos todos os lugares santos que desejávamos, e ainda todos os sítios onde os filhos de Israel tinham aportado, indo para a montanha de Deus, ou dela voltando, e depois de vermos também os santos homens que aí moravam, em nome de Deus, voltamos a Faran.

[12]E ainda que eu deva, sempre, dar graças a Deus em todas as coisas, nada direi sobre as tão numerosas e tão grandes com que se dignou cumular-me, a mim, indigna e não merecedora, para que eu visitasse todos os lugares que eu não merecia conhecer, e todos aqueles santos, a quem eu nem consigo agradecer suficientemente, pois se dignaram receber, de bom grado, em seus mosteiros, a minha pequenez ou, pelo menos, guiar-me por todos os lugares que eu, sempre, segundo as Escrituras Santas, procurava. Muitos desses santos que moravam no monte de Deus ou cerca da montanha e que eram, fisicamente, mais vigorosos, dignaram-se reconduzir-nos até Faran.

De Faran a Clisma

6. [1]Chegando a Faran, distante trinta e cinco minutos da montanha de Deus, foi-nos necessário aí permanecer por dois dias para recuperar-nos. No terceiro dia, apressados, voltamos àquele albergue no deserto de Faran onde, como contei, pousáramos na ida. Dali, no dia seguinte, fazendo a nossa provisão de água e caminhando ainda um pouco por entre os montes, atingimos um acampamento à beira-mar, no ponto onde já se sai das montanhas e se empreende, novamente, a caminhada bem junto ao mar; junto ao mar, porém, da seguinte forma: ora a onda bate, inesperadamente, nos pés dos animais, ora andamos a cem ou duzentos passos, algumas vezes a mais de quinhentos passos do mar, pelo deserto; estrada, na verdade, absolutamente não há, mas tão somente desertos de areia.

[2]Os faranitas, que por aí costumam passar com seus camelos, colocam, de espaço a espaço, sinais pelos quais possam guiar-se e assim viajam durante o dia. De noite, os camelos é que prestam atenção aos sinais; resumindo, graças a eles, os faranitas circulam, durante a noite, nessa região, com exatidão maior e maior segurança do que qualquer homem pode fazê-lo nos sítios onde haja uma estrada aberta.

³Regressando, portanto, saímos de entre os montes no mesmo lugar onde, indo, por eles entráramos, e chegamos de novo ao mar. Também os filhos de Israel, voltando do monte de Deus – Sinai – até aí, seguiram o caminho pelo qual tinham ido, até o ponto onde nós saímos de entre os montes e reencontramos o Mar Vermelho; daí volvemos à rota pela qual viéramos enquanto que os filhos de Israel, como está escrito nos Livros do santo Moisés, seguiram seu próprio rumo (Nm 10,12; 33,1-49).

A terra de Gessen

⁴Nós, porém, pela mesma via e pelas mesmas paradas pelas quais fôramos, voltamos a Clisma; aí chegando, precisamos descansar, pois grande fora nossa viagem pelo deserto arenoso.

7. ¹Embora, na verdade, eu já conhecesse a terra de Gessen, por onde passara ao ir ao Egito pela primeira vez, desejei, contudo, ver todos os lugares que os filhos de Israel – saindo de Ramsés – tocaram até chegar ao Mar Vermelho, a esse local que agora se chama Clisma por causa do forte que aí se encontra. Foi meu desejo, pois, que nos dirigíssemos de Clisma até a terra de Gessen, quero dizer, até uma cidade que se chama Arábia e se situa dentro da terra de Gessen: chama-se esse

território terra de Arábia – terra de Gessen – e, sendo parte do Egito, é, no entanto, muito melhor do que todo o resto do Egito (Gn 45,10.18.20; 47,6)[6].

[2]Há, pois, de Clisma – isto é, do Mar Vermelho – até a cidade de Arábia, quatro pousadas através do deserto: tanto é, de fato, pelo deserto, que há, em cada acampamento, um posto com soldados e oficiais que nos acompanharam, sempre, de um forte a outro. E, no caminho, os santos que conosco estavam, clérigos e monges, mostravam-nos todos os sítios que eu, sempre, de acordo com as Escrituras, pedia; alguns ficavam à esquerda, outros à direita do nosso caminho; uns, ainda, longe da estrada, outros próximo.

Creia-me Vossa Bondade, tanto quanto pude compreender, os filhos de Israel de tal forma erraram que, tanto quanto andavam para a direita, voltavam para a esquerda, tanto quanto iam para a frente, voltavam para trás: assim percorreram esse caminho até chegarem ao Mar Vermelho (Ex 14,1-3).

[4]Mostraram-nos, defronte, Epáulis[7] e fomos a Magdol onde há, presentemente, um forte com um oficial e soldados que ele aí comanda consoante a

---

6. Cf. o mapa.
7. Epáulis: "Piahirot entre Magdol e o mar, diante de Baal-Sefon" (cf. Ex 14 2- Nm33,1ss.).

disciplina romana. E acompanharam-nos eles, segundo o costume, daí até o outro posto, mostraram-nos Baal--Sefon e para lá nos dirigimos. É uma planície além do Mar Vermelho, junto ao flanco da montanha que acima descrevi, onde, vendo os egípcios que os perseguiam, os filhos de Israel "clamaram ao Senhor" (Ex 14,10).

[5]Vimos, ainda, Etam, que fica junto do deserto como está (Ex 13,20), e também Sucot, pequena encosta no Hino do vale, junto da qual os filhos de Israel assentaram acampamento (Ex 12,37): este é o lugar onde foi recebida a lei da Páscoa* (Ex 12,43ss.).

[6]Também a cidade de Píton, que edificaram os filhos de Israel (Ex 1,11), foi-nos mostrada nesse caminho – entrando nós no território do Egito e deixando já as terras dos sarracenos. A cidade de Píton é agora um forte.

[7]Herópolis, cidade no tempo em que José correu ao encontro do pai, Jacó, segundo se lê no Gênesis (Gn 46,29), é agora um povoado bastante grande, porém, e que chamamos aldeia. Tem essa aldeia uma igreja, vários *martyria*[8] e numerosos ermitérios de monges santos; para vê-los, tivemos que descer até lá, conforme o nosso hábito.

---

8. *Martyria:* santuários dedicados aos mártires; designação mais comumente empregada no Oriente; no Ocidente, *memoriae.* Cf. *glossário,* art. *Martyrium.*

[8]Chama-se, agora, Hero essa aldeia; e Hero, a quinze milhas da terra de Gessen, dentro do território egípcio, é lugar muito agradável por ser banhado por um esteiro do Nilo.

A cidade de Arábia na terra de Gessen – Ramsés

[9]Assim, partindo nós de Hero, chegamos à cidade chamada Arábia, situada na terra de Gessen – razão pela qual está escrito que o faraó disse a José: "Na melhor terra do Egito, na terra de Gessen, na terra de Arábia, estabelece teu pai e teus irmãos" (Gn 47,6).

8. [1]Da cidade de Arábia até Ramsés há quatro mil passos e, para chegar ao acampamento de Arábia, atravessamos, pelo meio, Ramsés – cidade que é agora um terreno plano e não tem uma só casa. Parece, na verdade, pelo seu contorno, ter sido imensa e ter tido inúmeras construções[9], pois inúmeras são as suas ruínas – caídas como estão e como até hoje se veem.

[2]Atualmente nada mais há no local a não ser uma enorme pedra de Tebas na qual foram esculpidas duas estátuas ingentes que seriam dos santos Moisés e Aarão, em cuja honra teriam sido aí colocadas pelos filhos de Israel.

---

9. No texto *fabricae* (cf. *glossário*, art. *fabrica*).

³Há também um sicômoro plantado, segundo se diz, pelos patriarcas; agora, já está velhíssimo e por conseguinte muito engelhado, embora, na verdade, ainda dê frutos. Todos os que padecem de alguma doença dele se aproximam e tomam-lhe uns ramos pequenos que lhes fazem bem.

⁴Isto soubemos pelo santo bispo de Arábia, que nos disse, inclusive, o nome da árvore: chamam-na, em grego, *dendros alethiae* – o que para nós quer dizer *árvore da verdade*. Este santo bispo dignou-se vir a Ramsés, ao nosso encontro; é um homem já idoso, verdadeiramente piedoso e afável, antigo monge que recebe com bondade os peregrinos e é altamente versado nas Escrituras de Deus.

⁵Dignando-se, pois, abalar-se e vir encontrar-nos, mostrou-nos tudo, minuciosamente, e contou-nos a história das estátuas a que me referi, e também a do sicômoro. Contou-nos ainda o santo bispo que o Faraó, ao ver que tinham fugido os filhos de Israel, antes de se pôr em campo a persegui-los, teria invadido Ramsés com todo o seu exército e a teria incendiado toda, enorme como era: só depois disso teria partido em pós dos filhos de Israel.

9. ¹Casualmente sucedeu – e foi para nós muito grato – que o dia em que chegamos ao acampamento de Arábia fosse véspera do feliz dia da Epifania[10] e devessem ser feitas as vigílias na igreja. Assim, pois, aí nos reteve, por dois dias, o santo bispo – santo e homem de Deus, verdadeiramente – já bastante conhecido por mim, do tempo em que eu estivera na Tebaida.

[2]Esse santo bispo é um antigo monge criado, desde pequeno, em um mosteiro e por isso é tão erudito nas Escrituras e tão irrepreensível em toda a sua vida, como afirmei.

[3]A partir daí, dispensamos os soldados que nos haviam auxiliado em nome dos príncipes romanos, enquanto andáramos por regiões perigosas; agora, porém, visto que a estrada* que atravessa a cidade de Arábia, isto é, a que conduz da Tebaida a Pelúsio, é a estrada pública através do Egito, não mais se fazia necessário molestá-los[11].

---

10. A festa da Epifania corresponde à intenção da Igreja de combater as festas pagãs do solstício de Inverno, celebradas em Roma a 25 de dezembro e no Egito a 6 de janeiro. A Igreja de Jerusalém celebrava, a 6 de janeiro, o mistério da Natividade, incluindo a Adoração dos magos e dos pastores, e o Egito acrescentava-lhe o Batismo do Senhor (cf. MARTIMORT, A.G. Op. cit., p. 836ss.; VINCENT, A. *Dicionário Bíblico,* art. *Epifania).*

11. Este passo levou alguns estudiosos a ver em Etéria mulher de alta condição social – fato possível mas não obrigatório, segundo mostra, aliás, a própria autora (cf. *Pereg.* 7,4: "acompanharam-nos segundo o costume", "*iuxta consuetudinem",* cf. Prefácio; cf. FONDA, E.A. *A síntese orgânica do Itinerarium Aetheriae,* p. 52-54).

⁴Partindo daí, seguimos pela terra de Gessen, sempre entre videiras que dão vinho e videiras que dão bálsamo, e entre pomares e campos muito cultivados e jardins lindíssimos. Percorremos todo o caminho pela margem do Rio Nilo, atravessando terras copiosíssimas que tinham sido, outrora, propriedades dos filhos de Israel. Para encurtar palavras, creio jamais ter visto mais belo território do que a terra de Gessen.

⁵Partindo da cidade de Arábia e viajando durante dois dias pela terra de Gessen, chegamos à cidade de Tânis onde nasceu o justo Moisés; esta cidade de Tânis é que foi outrora a metrópole do faraó (Is 19,11.13; 30,3; Nm 13,22-23)[12].

⁶E ainda que, como afirmei, tivesse conhecido a região quando estivera em Alexandria e na Tebaida, todavia, porque eu queria conhecer a fundo os lugares por onde tinham andado os filhos de Israel dirigindo-se de Ramsés ao monte santo de Deus, Sinai, foi-me necessário voltar, ainda uma vez, à terra de Gessen e a Tânis; depois, partindo de Tânis e seguindo por um caminho que já conhecia, cheguei a Pelúsio.

---

12. Cf. Is 19,11.13, nota; Nm 13,22, nota na *Bíblia Sagrada*, tradução dos textos originais, com notas, dirigida pelo Pontifício Instituto Bíblico.

Volta à Palestina

[7]Daí, tornando a partir e passando por todos os acampamentos do Egito pelos quais viéramos, cheguei aos limites da Palestina e, em nome de Cristo, nosso Deus, fazendo novas paragens através da Palestina, voltei a Élia, isto é, Jerusalém[13].

10. [1]Assim também, decorrido bastante tempo, e pela vontade de Deus, meu desejo foi dirigir-me, ainda uma vez, à Arábia, isto é, ao Monte Nebo, ao lugar ao qual ordenou Deus a Moisés que subisse, dizendo-lhe: "Sobe ao monte de Abarim, ao Monte Nebo que fica na terra de Moab, defronte de Jericó, e vê a terra de Canaã que eu dou aos filhos de Israel como propriedade, e morre nesse monte em que tiveres subido" (Dt 32,49-50)[14].

[2]E Jesus nosso Deus, que não abandonará os que nele confiarem, dignou-se novamente proteger-me nesta nova realização do meu desejo.

---

13. O nome *Élia* é posterior ao século II A.D. Jerusalém chamou-se, no Antigo Testamento, *Uruel* (Is 29,1ss.); *Salém* (Gn 14,18; Sl 76,3); *Jebus* (Js 15,8; Jz 19,10; 1Cr 11,4-5).

14. Abarim, cordilheira a nordeste do Mar Morto (cf. Dt 32,49: "monte de Abarim"; Nm 27,12: "monte dos Abarim"; 33,47-48: "montes Abarim"; na *Vulgata* igualmente se encontra *Abarim*. A forma *Arabot* que se encontra no texto pode dever-se a uma confusão com "Arabá de Moab ao lado do Jordão ao oriente de Jericó", (cf. Js 13,32 na versão portuguesa citada). Na *Vulgata* encontra-se *in campestribus Moab,* no grego ἐν Αραβωθ Μωαβ (en Arabôth Mōab); no hebraico, b^c 'Arbôth Môab.

O Jordão – Jericó – O Monte Nebo

[3]Partindo de Jerusalém com os santos, isto é, com o presbítero e os diáconos de Jerusalém, e com alguns irmãos – monges, quer dizer – chegamos ao trecho do Jordão que os filhos de Israel atravessaram quando o santo Josué, filho de Nave, os fez passar o Jordão, como está escrito no Livro de Josué, filho de Nave (Js 3-4). Mostraram-nos o lugar um pouquinho mais elevado onde os filhos de Rúben e Gad e a metade da tribo de Manassés erigiram um altar*, na margem onde se encontra Jericó (Js 22,10-34).

[4]Atravessando, pois, o rio, chegamos à cidade que se chama Lívias e se situa na planície onde, então, os filhos de Israel tinham fixado o seu acampamento. Ainda hoje se veem as bases do acampamento dos filhos de Israel e das habitações onde moraram. Essa planície, na verdade, parece não ter fim, estendendo-se até a raiz das montanhas, além do Jordão. Esse é o lugar do qual está escrito: "E os filhos de Israel choraram Moisés no Abarim, em Moab e no Jordão, defronte de Jericó, durante quarenta dias" (Dt 34,8)[15].

[5]Esse é também o lugar onde, após a morte de Moisés (Dt 34,9), Josué, filho de Nave, foi imediatamente

---

15. Dt 34,8: "...choraram Moisés nas estepes de Moab durante trinta dias..." (versão portuguesa citada, p. 215; cf. tb. *Vulgata*, Dt 34,8: *triginta diebus).*

cumulado do espírito de ciência porquanto Moisés impusera sobre ele suas mãos, como está escrito (Dt 31,23).

[6]Esse é o lugar onde Moisés escreveu o Livro do Deuteronômio (Dt 31,22-24); esse é também o exato lugar onde Moisés proferiu, aos ouvidos de toda a assembleia de Israel, até a última, todas as palavras do cântico que está escrito no Livro do Deuteronômio (Dt 31,30; 32,1-43). Esse é o mesmo lugar onde o santo Moisés, homem de Deus, abençoou cada uma das tribos de Israel, uma após outra, antes de sua morte (Dt 33,1-29).

[7]Nós, portanto, em chegando à planície, dirigimo-nos a esse sítio e aí dissemos uma oração; lemos ainda um passo do Deuteronômio e também o cântico de Moisés e as bênçãos que proferiu sobre os filhos de Israel. Rezamos novamente após a leitura e, dando graças a Deus, dali nos afastamos. Era sempre o nosso costume que, onde quer que conseguíssemos aproximar-nos dos lugares procurados, aí rezássemos, em primeiro lugar, uma oração, lêssemos, em seguida, as palavras da Bíblia, disséssemos um salmo de acordo com a circunstância e outra oração. Esse hábito, pela vontade de Deus, mantivemos sempre, onde quer que pudemos atingir os lugares procurados.

[8]Assim, pois, a fim de concluir a empresa encetada e chegar ao Monte Nebo, começamos a apressar-nos. Instruiu-nos, durante a caminhada, um sacerdote

da localidade, isto é, de Lívias. Com os nossos rogos conseguimos trazê-lo conosco do acampamento porque conhecia melhor a região. Disse-nos ele: "Se quiserdes ver a água que flui da pedra, a água que deu Moisés aos filhos de Israel quando tiveram sede (Ex 17,6; Nm 20,8-11), podereis vê-la se, entretanto, aceitardes a pena de nos afastarmos da estrada, perto da sexta milha".

[9]Logo que o disse, tomou-nos um grande desejo de ir até lá e, desviando-nos da estrada, seguimo-lo. Há, nesse local, uma igreja pequena, ao pé de um monte que não é o Nebo, mas um outro, mais para o interior, não longe do primeiro; muitos monges aí vivem: são verdadeiramente santos e aqui se chamam ascetas*.

11. [1]Pois esses monges santos dignaram-se receber-nos com grande bondade, e até nos permitiram entrar para saudá-los. Entrando, rezamos com eles e se dignaram oferecer-nos eulógias*, como costumam oferecer àqueles que bondosamente recebem.

[2]Ali, a meio caminho entre a igreja e os mosteiros, flui, da pedra, abundante água, bela, sem dúvida, e límpida, de excelente sabor. Nós, então, perguntamos também aos santos monges que ali moravam que água era aquela, de tal natureza e de tal sabor, ao que responderam: "Esta é a água que deu Moisés aos filhos de Israel, neste deserto"[16].

---

16. A esse lugar deu Moisés o nome de "Massa e Meribá" (Ex 17,17).

³Rezamos ali, pois, segundo o nosso costume, uma oração e lemos a leitura correspondente nos Livros de Moisés; dissemos ainda um salmo e, juntamente com os santos clérigos* e monges* que tinham vindo conosco, prosseguimos na direção do monte. Muitos desses monges que aí viviam, junto a essa água, podendo suportar o esforço, dignaram-se escalar conosco o Monte Nebo.

⁴E, partindo desse local onde nos encontrávamos, chegamos ao sopé do Monte Nebo, que é muito alto; embora se pudesse subir a maior parte dele em lombo de mula, havia um pequeno trecho, porém, muito áspero, que era necessário subir a pé, com esforço – e assim se fez.

O *cimo do Monte Nebo – A sepultura de Moisés*

12. ¹Chegamos ao cimo do monte, onde há agora uma igreja, não muito grande. No interior dessa igreja, ali onde se encontra o púlpito, vi um lugar pouca coisa mais alto, com a extensão que costumam ter as sepulturas.

²Perguntei então aos santos de que se tratava e eles responderam: "Aqui foi colocado, pelos anjos, o santo Moisés, visto que, como está escrito (Dt 34,6), nenhum homem lhe conhece a sepultura, pois foi sepultado pelos anjos. Na verdade, a sepultura dele – onde ele realmente tenha sido colocado – até hoje não se conhece; e,

tal como nos mostraram os primeiros que aqui vieram o lugar onde teria sido colocado, assim nós vo-lo damos a conhecer – e esses primeiro diziam que o mesmo lhes tinha sido transmitido pelos mais antigos".

O panorama

[3]Rezamos, portanto, sem demora, uma oração; e tudo quanto costumávamos fazer, sucessivamente, em cada um dos lugares santos, ainda aí o fizemos; e saímos da igreja. Disseram-nos, então, os que conheciam o lugar – os sacerdotes e os santos monges: "Se quiserdes ver os lugares descritos nos Livros de Moisés, dirigi-vos à porta da igreja e, desse cume, reparai bem no que se pode ver daqui; nós vos diremos, um a um, que lugares são todos esses que aparecem".

[4]Nós, então, muito contentes, saímos. De fato, da porta da igreja vimos o local onde o Jordão entra no Mar Morto; esse ponto aparecia bem abaixo de nós – do lugar onde estávamos. Vimos também, defronte, não somente Lívias, aquém do Jordão, mas também Jericó, além do Jordão: tanto sobressaía o lugar elevado em que nos colocáramos, à entrada da igreja.

[5]Via-se também, de lá, grande parte da Palestina que é a Terra da Promissão, e também a terra do Jordão, até onde os olhos podiam alcançar. Do lado esquerdo,

vimos todas as terras dos sodomitas e também Segor – das cinco, a única que ainda hoje subsiste (Gn 14,2-3; 19,20-22; Dt 34,3).

[6]Há realmente aí um monumento, enquanto que nada mais aparece das outras cidades a não ser um monte de ruínas, pois foram reduzidas a cinzas. Mostraram-nos, ainda, o lugar da estátua da mulher de Ló, lugar do qual também se trata nas Escrituras (Gn 19,26)[17].

[7]Mas crede-me, veneráveis senhoras, não mais se vê a coluna e só se mostra o seu lugar; a coluna dizem ter sido inteiramente coberta pelo Mar Morto. Embora, incontestavelmente, tenhamos visto o lugar, não vimos nenhuma coluna e, por essa razão, não posso enganar-vos a este respeito. Disse-nos o bispo daí, isto é, de Segor, haver já alguns anos que a coluna não aparecia. O lugar onde se ergueu e que agora a água encobriu inteiramente fica, talvez, cinco milhas além de Segor.

[8]Igualmente nos aproximamos do lado direito da igreja, pelo lado de fora, e daí nos mostraram, defronte, duas cidades, Hesebon que pertenceu a Seon, rei dos amorreus, e que agora se chama Exebon[18], e outra, de

---

17. A lenda da coluna da mulher de Ló é, provavelmente, explicação de um bloco de salina de forma caprichosa, então desaparecido.

18. *Hesebon* ou *Esebon,* mais tarde *Esbus,* corresponde à atual *Hesban,* nordeste do Mar Morto. A forma *Exebon* do texto não parece encontrar-se em qualquer outra parte.

Og, rei de Basan, agora chamada Sasdra[19] (Nm 21,26; Dt 29,6 e Nm 21,33; Dt 3,10). Daí também nos mostraram, defronte, Fegor (Nm 23,28; Dt 4,46), outrora cidade do reino de Edom[20]. [9]Todas essas cidades que víamos estavam situadas sobre montanhas; abaixo, porém, um pouco abaixo, percebíamos um lugar mais plano. Disseram-nos, então, que naqueles dias em que o santo Moisés e os filhos de Israel lutaram contra essas cidades, aí teriam estabelecido o seu acampamento: viam-se, na verdade, sinais de um acampamento.

[10]Do lado da montanha que eu disse ser o esquerdo e que ficava acima do Mar Morto, mostraram-nos uma elevação muito escarpada que anteriormente se chamara *Agrispecula*[21]. Este é o monte no qual Balac, filho de Sefor[22], colocou o adivinho Balaão para amaldiçoar os filhos de Israel – o que, como está escrito, Deus não permitiu (Nm 23,14ss.).

[11]Assim, pois, tendo visto o que desejávamos e voltando, em nome de Deus, por Jericó e por todo o caminho por onde viéramos, regressamos a Jerusalém.

---

19. *Sasdra* é, sem dúvida, a *Edrai* do Antigo Testamento, que agora se chama *Der'a* (cf. Nm 21,33; cf. o mapa).

20. *Edom:* Idumeia, conquistada por Davi (cf. Nm 24,18; 2Sm 8,14; *Bíblia Sagrada,* p. 170, nota 18).

21. *Agrispecula:* Planalto das Sentinelas no cume do Fasga (cf. Nm 23,14).

22. No texto: *Balac filho de Beor.* na verdade, porém, Balac é filho de *Sefor; Balaão* é que é filho de *Beor* (cf. Nm 22,2.4-5).

Ausítis – A cidade de Melquisedec

13. [1]Depois de algum tempo, quis eu também chegar à terra de Ausítis[23] a fim de visitar a sepultura do santo Jó e aí rezar (Jó 1,1); eu via chegarem a Jerusalém para ver os lugares santos e neles orar muitos santos monges que, referindo pormenores dessa região, me aumentaram o desejo de me impor a fadiga de me dirigir, ainda, até ali – se, todavia, se pode falar em fadiga quando alguém vê realizar-se o seu desejo.

[2]Parti, portanto, de Jerusalém com os santos que se dignaram acompanhar-me na minha viagem – e o faziam também pela oração. Tomando o caminho de Jerusalém até Cárneas, passei por oito acampamentos; Cárneas, que outrora se chamou Denaba, na terra de Ausítis, nas fronteiras da Idumeia e da Arábia, chama-se, agora, cidade de Jó (Gn 36,32; Jó 1,1). Seguindo por esse caminho, vi, à margem do Rio Jordão, um vale magnífico e bastante ameno, abundante em vinhas e árvores, pois os cursos d'água são ali numerosos e a água excelente.

[3]Há nesse vale uma grande povoação que agora se chama Sedima. E, no centro dessa mesma povoação,

---

23. Terra de *Ausítis: Hus*; cf. *Bíblia Sagrada*, p. 626, nota 1. Preferimos a tradução *terra de Ausítis* à proposta pela versão portuguesa citada, *terra de Ausítides*. Cf. adiante *Pereg.* 13,2.

situada no meio da planície, há um outeiro não muito elevado, da altura que costumam ter as tumbas grandes; ali, no topo, há uma igreja e, embaixo, em volta desse montículo, aparecem uns alicerces, grandes e antigos. Também na povoação há bastantes ruínas.

[4]Ao ver um lugar tão agradável, perguntei que lugar tão ameno era aquele; disseram-me então: "Esta é a cidade do Rei Melquisedec, outrora chamada Salém, de onde chamar-se, agora, Sedima, corruptela do nome primitivo. A construção que vedes no alto desse outeiro, situado no meio do povoado, é uma igreja que, agora, se chama em grego... (LACUNA) ...de Melquisedec, e é o lugar onde Melquisedec ofereceu a Deus hóstias puras, isto é, pão e vinho, assim como está escrito que o fez (Gn 14,18).

14. [1]Ouvindo isto descemos dos animais e eis que o santo presbítero* desse lugar se dignou vir ao nosso encontro e, com ele, os clérigos*; e eles, imediatamente, encarregando-se de nós, conduziram-nos à igreja. Em aí chegando, logo, segundo o nosso costume, rezamos, primeiro, uma oração; em seguida, lemos o trecho do Livro do justo Moisés, recitamos um salmo* de acordo com o lugar e descemos, depois de rezar ainda uma oração.

[2]Depois de descermos, falou conosco o santo presbítero*, já idoso e muito versado nas Escrituras e que, antigo monge*, estava encarregado dessa região; de sua

vida numerosos bispos*, como logo depois soubemos, davam elevado testemunho, dizendo que era digno de estar à testa desse lugar onde o santo Melquisedec fora o primeiro a oferecer a Deus sacrifícios puros, quando da chegada do santo Abraão. Descendo nós, pois, como eu disse, da igreja para o povoado, disse-nos esse padre santo: "Estes alicerces que vedes ao redor deste outeiro são os do palácio do Rei Melquisedec. Ainda hoje, se alguém, querendo fazer para si uma casa junto deles, toca nas fundações, encontra, algumas vezes, pedacinhos pequenos de prata e bronze.

³E esta estrada que vedes passar entre o Rio Jordão e o povoado é a estrada pela qual regressou, tornando a Sodoma, o santo Abraão, após matar Codorlaomer[24], rei dos gentios, e pela qual correu ao seu encontro o justo Melquisedec, rei de Salém".

O Jardim de São João

15. ¹Então, lembrando-me eu de que estava escrito ter São João batizado em Enon, perto de Salim[25] (Jo 3,23), perguntei-lhe a que distância ficava esse lu-

---

24. *Codollagomor* seria *Codorlaomer (-or)*. Cf. Gn 14,1 nota na versão portuguesa citada.

25. *Enon* e *Salim* corresponderiam às atuais *En ed Deir* e *Tell Sarem. Enon* significa *abundância de água*. Cf. Jo 3,23 nota na versão portuguesa citada.

gar. Respondeu-me o santo presbítero: "A duzentos passos e, se o desejais, eu vos conduzo até ali agora mesmo, a pé. Esta água tão abundante e tão pura que vedes neste povoado vem dessa fonte". [2]Agradeci-lhe e pedi-lhe que nos conduzisse à fonte, no que consentiu. Imediatamente, então, fomos com ele, a pé, por todo um vale agradabilíssimo, até chegar a um pomar ridente, no centro do qual nos mostrou uma fonte de água excelente e muito pura que, de um jato, formava um perfeito rio. Havia diante da fonte como que um lago onde teria São João Batista praticado o seu ministério.

[3]Disse-nos então o santo presbítero: "Ainda hoje, este jardim se chama, em grego, *cepos tu agiu Iohanni*, isto é, como dizeis em latim, *hortus sancti Iohannis* – jardim de São João. Muitos irmãos, monges santos vindos de diversos lugares, aí acampam, a fim de purificar-se".

[4]Ainda aí, nessa fonte, como em toda parte, rezamos uma oração, lemos a leitura e dissemos o salmo* correspondente; e tudo quanto costumávamos fazer sempre que chegávamos aos lugares santos, ali o fizemos.

[5]Disse-nos também o santo presbítero* que sempre, até hoje, em cada Páscoa, todos aqueles que devem ser batizados ali, na igreja que se chama casa de Melquisedec, nessa fonte são batizados e voltam lentamente, ao romper da aurora, carregando tochas, com os clérigos* e os monges*, cantando salmos e antífonas*, e assim,

da fonte até a igreja do santo Melquisedec, são conduzidos todos os recém-batizados. [6]Nós, então, recebendo do sacerdote eulógias* do pomar de São João Batista e, igualmente, dos santos monges que ali no pomar tinham seus ermitérios, e dando sempre graças a Deus, retomamos o caminho que seguíamos.

Tisbe – Cidade do justo Elias

16. [1]Assim, então, seguindo pelo vale do Jordão, pela própria margem do rio, caminho que seria o nosso durante algum tempo, subitamente vimos a cidade do justo profeta Elias, isto é, Tisbe, da qual recebeu ele o nome de Elias Tesbita (1Rs 17,1). Até hoje vê-se ali uma gruta onde permaneceu o santo e também a sepultura do santo Jefté cujo nome se lê nos Livros dos Juízes (Jz 12,7).

[2]E, dando ali graças a Deus conforme o nosso costume, prosseguimos o nosso caminho. Seguindo por ele, vimos à nossa esquerda um vale muito aprazível, enorme, lançando no Jordão uma torrente imensa: e nesse vale a habitação de um irmão que aí vive, agora, como monge*.

[3]Eu, então, que sou bastante curiosa, perguntei que vale seria esse onde um monge santo erguera para si um ermitério; na verdade, julguei não poder deixar de haver um motivo. Disseram-me, então, os santos que

conosco viajavam e que eram conhecedores da região: "Este é o vale Corra onde morou o santo Elias Tesbita nos tempos do Rei Acab (1Rs 17,3-6) e onde houve fome e onde um corvo, mandado por Deus, lhe trazia o alimento; e ele bebia água desta torrente, pois esta torrente, que vedes percorrer o vale em direção ao Jordão, é o Corra"[26].

O *túmulo de Jó*

[4]E pois, dando não menos graças a Deus, que se dignava mostrar-nos, a nós que o não merecíamos, tudo quanto desejávamos ver, retomamos, como todos os dias, o nosso caminho. E, viajando dia após dia, apareceu-nos, inesperadamente, do lado esquerdo – de onde víamos, defronte, a região da Fenícia – um monte muito grande e enormemente alto, que se estendia ao comprido... (FALTA UMA FOLHA).

[5]Monge santo e asceta* que precisou, depois de tantos anos em que vivia no deserto, abalar-se e descer à cidade de Cárneas para dizer aos bispos e clérigos* desse tempo, de acordo com o que lhe fora revelado, que cavassem no lugar determinado: assim o fizeram.

---

26. Em 1Rs 17,3.5 *"torrente de Cariat"*: cf. versão portuguesa citada, p. 374; na Vulgata *Carith*, cf. 3Rs 17,3; no grego, ἐν τῷ Κειμάρρῳ Κορραθ (en tô Keimárrō Khorrath); no hebraico, bᵉnahal Kᵉrîth.

⁶E, cavando eles no ponto que lhes fora indicado, encontraram uma gruta na qual penetraram, talvez, cem passos, quando, inesperadamente, enquanto cavavam, apareceu uma lápide; e quando a puseram inteiramente a descoberto, encontraram, esculpido no texto – *Iob*. A Jó, então, ergueram neste lugar esta igreja que vedes, de maneira, contudo, que a pedra com o corpo não fosse removida para outro lugar mas permanecesse aí onde o corpo havia sido encontrado, e que o corpo jazesse sob o altar*. Não foi, porém, terminada ainda, até hoje, a igreja construída por não sei que tribuno.

Novo regresso a Jerusalém

⁷Nós, portanto, na manhã seguinte, pedimos ao bispo que fizesse a Oblação*, o que se dignou fazer e, abençoando-nos ele, partimos. Após a comunhão, dando sempre graças a Deus, regressamos a Jerusalém, percorrendo todas as paragens pelas quais viéramos, três anos antes.

Mesopotâmia

17. ¹A seguir, em nome de Deus, passado algum tempo, decorridos três anos completos desde que eu chegara a Jerusalém, depois de ver todos os lugares santos a que me dirigira para rezar, senti o desejo de voltar à minha pátria; quis, ainda, porém, pela vontade de Deus, chegar até a Mesopotâmia da Síria para ver os monges santos que aí, segundo diziam, eram numerosos e levavam vida tão santa que dificilmente se pode descrever; queria também rezar no *martyrium**do apóstolo São Tomé onde o seu corpo inteiro fora colocado, perto de Edessa; para lá, depois que subisse ao céu, mandá-lo-ia Jesus, nosso Deus, que o prometera na carta enviada ao Rei Abgar pelo mensageiro Ananias, carta que está guardada com grande respeito na cidade de Edessa onde se encontra o *martyrium*.

[2]Creia-me Vossa Bondade, não há um só cristão que venha aos lugares santos, isto é, a Jerusalém, e se não dirija para lá, a fim de rezar; e esse lugar fica na vigésima quinta parada depois de Jerusalém.

[3]E já que a Mesopotâmia é muito perto de Antioquia, foi muito conveniente para mim, pela vontade de Deus – uma vez que voltava a Constantinopla e o caminho era por Antioquia – ir daí à Mesopotâmia: e foi o que fiz pela vontade de Deus.

18. [1]E, em nome de Cristo, nosso Deus, parti de Antioquia em direção à Mesopotâmia passando por alguns acampamentos ou cidades da província da Celessíria que é a de Antioquia; daí, caminhando para o território da província de Augustofratense, cheguei à cidade de Hierápolis, capital dessa província Augustofratense. E, porque a cidade é muito bonita, opulenta e rica, aí fiz uma parada – mesmo porque não ficava longe o território da Mesopotâmia.

[2]Assim, pois, partindo de Hierápolis, em nome de Deus, cheguei, na décima quinta milha, ao Rio Eufrates do qual está muito bem escrito que é o *grande Rio Eufrates* (Gn 15,18); é enorme e quase medonho, correndo com grande ímpeto, assemelhando-se ao Ródano exceto pelo fato de ser ainda maior[27].

[3]E porque era necessário atravessá-lo de barco, e barco grande, demorei-me aí, talvez, mais de meio dia; depois, em nome de Deus, atravessando o Eufrates, entrei no território da Mesopotâmia da Síria.

Edessa – O túmulo de São Tomé

19. [1]Seguindo ainda por mais algumas etapas, cheguei a uma cidade cujo nome lemos nas Escrituras, Batânis, que ainda até hoje existe e conta com uma igreja e um bispo* verdadeiramente santo, monge* e confessor*, e alguns *martyria*. Há na cidade, além disso, verdadeira multidão de homens, e soldados aí acantonados com o seu tribuno.

---

27. Esta comparação tem levado muitos estudiosos a ver na Gália a pátria de Etéria.

²Partindo daí, chegamos, em nome de Cristo, nosso Deus, a Edessa; e, chegando, fomos imediatamente à igreja e ao *martyrium**de São Tomé. Depois de rezarmos, conforme o nosso hábito, as nossas orações e de executarmos todos os atos que costumávamos nos lugares santos, lemos, também, alguns passos concernentes ao mesmo São Tomé.

³A igreja é grande e muito bela e nova[28] e verdadeiramente digna de ser a casa de Deus; e porque havia muitas coisas que eu queria ver, tive de fazer aí uma parada de três dias.

⁴Vi, na cidade, numerosos *martyria* e também monges santos, morando uns próximos dos *martyria*, outros longe da cidade, tendo seus ermitérios em lugares mais afastados.

⁵O santo bispo* da cidade, homem verdadeiramente religioso, monge* e confessor*, disse-me, acolhendo-me de boa vontade: "Vejo, filha, que pela religião te impuseste tão grande labor que, dos confins da terra[29], chegaste a estas paragens; se, pois, isso te der prazer, nós te mostraremos todos os lugares que são,

---

28. Esta igreja foi consagrada em 394, o que deve situar a viagem de Etéria após essa data (cf. Introdução; cf. nota 35; cf. tb. FONDA, E.A. Op. cit., p. 72).

29. No texto: *de extremis porro terris,* expressão altamente significativa para os que querem ver na Galiza a pátria da autora (cf. FONDA, E.A. Op. cit., p. 59-60).

aqui, agradáveis de ver para os cristãos". Então, pois, dando graças a Deus em primeiro lugar, e também a ele, pedi-lhe muitíssimo se dignasse fazer o que dizia.

O Rei Abgar – As fontes do seu palácio

[6]Conduziu-me, primeiramente, ao palácio do Rei Abgar[30] de quem me mostrou, aí, uma estátua muito fiel segundo diziam, de mármore tão brilhante que parecia de margarita; e o semblante da estátua evidenciava ter sido Abgar homem realmente muito sábio e honrado. Disse-me o santo bispo: "Eis o Rei Abgar que, antes de ter visto o Senhor, acreditou ser ele verdadeiramente o Filho de Deus". Havia, ao lado, outra estátua – de Magno, segundo me disse, filho de Abgar – de igual mármore e tendo igualmente algo de belo no rosto.

[7]Ato contínuo, penetramos no interior do palácio; havia aí fontes cheias de peixes: até hoje nunca vi semelhantes, nem tão grandes, nem de águas tão puras ou de tão agradável sabor. A cidade não tem absolutamente outra água, agora, a não ser a que sai do palácio e é como que um imenso rio de prata.

[8]Contou-me, então, o santo bispo a história dessa água, dizendo: "Algum tempo depois que o Rei Abgar

---

30. *Abgar:* nome de oito reis de Edessa, atual Urfa, cidade turca na Mesopotâmia (132 a.C.-216 A.D.).

escrevera ao Senhor e o Senhor respondera a Abgar pelo correio Ananias, como está escrito na própria carta, um bocado de tempo depois, chegaram os persas e cercaram a cidade.

[9]"Mas Abgar, sem demora, trazendo a carta do Senhor à porta da cidade, rezou, publicamente, com todo o seu exército. E disse, a seguir: 'Senhor Jesus, tu nos havias prometido que nenhum inimigo marcharia sobre esta cidade, e eis que agora os persas nos atacam'. Logo que o disse, tendo nas mãos erguidas a carta aberta, fizeram-se, inesperadamente, grandes trevas – fora da cidade, porém, ante os olhos dos persas que, de tão próximos, encontravam-se já a menos de três milhas da cidade. Assim, repentinamente, tão transtornados foram pelas trevas que mal puderam acampar e cercar a cidade toda, na terceira milha.

[10]"De tal forma se perturbaram os persas que não mais puderam ver por que lado entrar na cidade; mantiveram-na, contudo, guardada por um cerco, à distância de três milhas; guardaram-na, assim, durante alguns meses.

[11]"Depois, como vissem que de modo nenhum poderiam entrar na cidade, quiseram matar pela sede os que nela se encontravam; pois este outeiro que vês, filha, sobre esta cidade, naquele tempo fornecia-lhe água.

Vendo-o, desviaram-na os persas e fizeram-na correr defronte do local onde haviam acampado.

[12]"Pois, no mesmo dia e na mesma hora em que os persas desviaram a água, estas fontes que vês neste lugar, por ordem de Deus, imediatamente brotaram de um jato e, desse dia até hoje, aqui permanecem, com a graça de Deus. Além disso, a água que os persas desviaram secou na hora, de tal sorte que não tiveram o que beber, nem por um só dia, os que cercavam a cidade; e, como se pode ver ainda hoje, nunca mais, até agora, qualquer líquido, de qualquer natureza, aí apareceu.

[13]"Por conseguinte, pela vontade de Deus que o havia prometido, foi-lhes necessário voltar imediatamente à sua terra, isto é, à Pérsia. Depois, todas as vezes que os inimigos quiseram atacar e subjugar esta cidade, foi a carta exibida e lida à porta e, imediatamente, pela vontade de Deus, foram eles expulsos".

[14]Contou-nos também o santo bispo que, no lugar onde essas fontes apareceram, havia antes uma planície, no meio da cidade, subjacente ao palácio de Abgar. "Porque o palácio de Abgar estava situado como que num lugar mais elevado, como ainda agora aparece – tu o vês. Pois esse era o costume, naquele tempo, que todos os palácios se construíssem, sempre, em lugares altos.

[15]Mas, pouco depois que estas fontes irromperam neste lugar, então Abgar ergueu para o filho – Magno,

cuja estátua vês colocada ao lado da do pai – este palácio, de tal forma que as fontes ficaram encerradas no interior do mesmo".

As cartas do Rei Abgar

[16]Depois de contar-me tudo isto, disse-me o santo bispo: "Vamos agora à porta pela qual entrou o correio Ananias com a carta que mencionei"; e, chegando nós à porta, o bispo, de pé, rezou, leu-nos as cartas e, abençoando-nos mais uma vez, disse nova oração.

[17]Ainda isto nos contou esse santo que, desde o dia em que o correio Ananias entrou por essa porta com a carta do Senhor até hoje, está a porta guardada para que ninguém, ou impuro ou de luto, possa passar e nem o corpo de algum morto seja por ela retirado.

[18]Mostrou-nos ainda o santo bispo o túmulo de Abgar e de toda a família: belo mas construído à moda antiga. E conduziu-nos ao palácio superior que primeiro possuíra o Rei Abgar; e todos os demais lugares que havia, mostrou-nos.

[19]Foi ainda, para mim, motivo de alegria receber, desse santo bispo, as duas cartas que aí nos lera, quer a de Abgar ao Senhor, quer a do Senhor a Abgar. E ainda que eu tenha exemplares delas na minha pátria, ainda assim me parece mais agradável recebê-las dele, aqui: já

que talvez o texto tenha chegado incompleto até nós, na nossa pátria – pois é, de fato, maior este que aqui recebi. E se Jesus, nosso Deus, o ordenar e eu voltar à minha pátria, vós também o lereis, senhoras da minha alma.

Carras

20. [1]Depois de aí passar três dias, precisei prosseguir até Carras[31] – que é como agora se diz: pois nas santas Escrituras chama-se Carra ao lugar para onde se dirigia o santo Abraão, como está escrito no Gênesis, quando lhe disse o Senhor: "Sai da tua terra e da casa do teu pai e vai a Carra" etc. (Gn 12,1).

[2]Chegando eu a Carras, fui, imediatamente, à igreja situada dentro da cidade; vi também, logo depois, o bispo* do lugar, verdadeiramente santo e homem de Deus, monge* e confessor, que, sem demora, se dignou mostrar-nos todos os locais que aí desejávamos ver.

[3]Pois conduziu-nos incontinenti a uma igreja fora da cidade, no sítio onde se erguera a casa do justo Abraão, da qual tem as mesmas fundações e a mesma

---

31. Ainda na Mesopotâmia: trata-se de *Haran* ou *Harrän,* cidade árabe chamada, na História Romana, *Carrhae.* Cf. o mapa. Gn 12,1 não traz *Carra* mas *terra: "veni in terram quam monstrabo tibi",* o que leva à hipótese de engano por parte da autora (cf. *Vulgata*). Nenhuma afirmação é, porém, irretorquível, por desconhecermos a edição que possuía nossa autora.

pedra, como dizia o santo bispo. Entrando nós na igreja, rezamos uma oração e lemos o passo correspondente do Gênesis; dissemos ainda um salmo* e outra oração e, abençoando-nos o bispo, saímos.

[4]Igualmente se dignou conduzir-nos ao poço de onde a santa Rebeca trazia água (Gn 24,15-20); e disse-nos o santo bispo: "Eis o poço do qual a santa Rebeca dessedentou os camelos de Eleazar, servo do santo Abraão"[32]. Dignava-se ele, assim, mostrar-nos tudo.

A festa de Santo Elpídio – Naor e Batuel

[5]Na igreja que eu disse estar fora da cidade, senhoras, veneráveis irmãs, onde se erguera primitivamente a casa de Abraão, há, agora, um *martyrium** que é o de um santo monge, Elpídio. E o que muito nos agradou foi aí chegarmos na véspera do aniversário do martírio desse santo Elpídio, dia nove das calendas de maio[33], dia em que, de todos os lados e de todo o território da Mesopotâmia, deviam descer todos os monges até Carras, mesmo os mais velhos, que viviam na solidão – os chamados ascetas*. Esse dia é grandemente festejado,

---

32. No texto *Eleazar.* Seria este o *Eliezer* de Gn 15,2? Cf. Gn 24,2 nota na versão portuguesa citada. Mantivemos a forma textual por não haver provas de que o *puer sancti Abrahae* (*Pereg.* 20,4) seja o *Eliezer* de Gn 15,2 (cf. Gn 24,1ss.).

33. No texto *nono k. Maias,* 23 de abril.

aí, em memória do santo Abraão, cuja casa se ergueu no mesmo sítio onde ora se ergue a igreja na qual se encontra o corpo do santo mártir.

[6]Assim, pois, sucedeu-nos, inesperada e agradavelmente, ver aí os santos e os monges da Mesopotâmia, verdadeiros homens de Deus, e também aqueles cuja fama e vida eram muito conhecidas e que eu não esperava, absolutamente, poder ver; não porque fosse impossível a Deus conceder-me também isso – a Ele que se dignava tudo conceder-me – mas porque eu ouvira dizer que, a não ser no dia da Páscoa* e nesse dia – sendo eles de natureza tal que grandes e numerosos são os seus méritos –, nunca desciam dos seus recantos; e também porque eu não sabia em que mês era esse dia do martírio a que me refiro. Assim, foi pela vontade de Deus que aconteceu aí chegarmos nesse dia que eu nem esperava.

[7]Aí permanecemos dois dias para a festa do martírio e para ver os santos, que se dignaram receber-me de muito bom grado para saudar-me e conversar comigo – o que eu não merecia. Imediatamente após o dia do martírio, não mais aí foram vistos, mas dirigiram-se, na mesma noite, para o deserto, cada um deles para o seu próprio mosteiro.

[8]Na cidade, além dos poucos clérigos e santos monges que aí moram, não encontrei absolutamente um só cristão, mas tão somente pagãos. E assim como

nós, com grande reverência, honramos, em memória do justo Abraão, o lugar onde foi, outrora, a sua casa, assim também os pagãos, a mil passos, talvez, da cidade, honram com grande veneração o lugar onde se encontram as sepulturas de Naor e Batuel.

[9]E, porque o bispo da cidade é altamente versado nas Escrituras, interroguei-o, dizendo: "Peço-te, senhor, que me digas o que eu desejaria ouvir". E ele: "Dize, filha, o que queres e eu te responderei, se o souber". Disse eu, então: "Sei, pelas Escrituras, que o santo Abraão com o Pai Taré e Sara[34], a mulher, e Ló, o filho do irmão, veio para este lugar (Gn 11,31); porém não li quando por aqui passaram Naor e Batuel; só isto sei que, pouco depois, o servo de Abraão veio a Carras, em busca de Rebeca, filha de Batuel, filho de Naor, para Isaac, filho do seu senhor, Abraão" (Gn 22,23; 24,2ss.).

[10]Ao que respondeu o santo bispo: "Na verdade, filha, está escrito, como dizes, no Gênesis, que o santo Abraão por aqui passou com os seus (Gn 11,31); porém não dizem as Escrituras canônicas quando passaram Naor com os seus e Batuel. Mas, evidentemente, passaram também eles, pouco depois, e suas sepulturas aí estão, a mil passos da cidade, pouco mais ou menos.

---

34. No texto *Sara*. Segundo se lê, porém, em Gn 12,5, chamava--se a mulher de Abraão *Sarai* ao partirem com destino à terra de Canaã: só mais tarde, ao anunciar Deus a Abraão que a mulher lhe daria um filho, passou *Sarai* a chamar-se *Sara* (cf. Gn 17,15).

E as Escrituras, de fato, atestam que aqui veio o servo do justo Abraão a fim de buscar a santa Rebeca (Gn 24,1ss.) e ainda o santo Jacó uma vez, quando recebeu as filhas do sírio Labão (Gn 28,2ss.)".

[11]Perguntei-lhe, então, onde ficava o poço do qual o santo Jacó teria dessedentado o rebanho que apascentava Raquel, filha do sírio Labão; e disse-me o bispo: "A seis milhas daqui fica esse lugar, ao lado de um povoado que era, então, a propriedade do sírio Labão; uma vez que queres ir até lá, iremos contigo e te mostraremos o sítio; há ali muitos monges, verdadeiramente santos e ascetas*, e uma igreja consagrada".

Nísibis e Ur

[12]Perguntei ainda ao santo bispo em que lugar da Caldeia tinham vivido, a princípio, Taré e os seus (Gn 11,28); disse-me, então, esse santo bispo: "O lugar sobre o qual perguntas, filha, situa-se no interior da Pérsia, no décimo acampamento, a partir daqui. Pois daqui até Nísibis há cinco lanços e daí até Ur, antiga cidade dos caldeus, outros cinco; mas agora já não há, aí, acesso para os romanos, porquanto os persas dominam tudo[35]; além disso, é

---

35. Nísibis foi deixada por Joviano, em 363 A.D., aos persas, e a eles pertenceu até o século VII. Este passo ajuda a situar a viagem de Etéria no tempo. Cf. Introdução. Cf. FONDA, E.A. Op. cit., p. 72.

chamada especialmente Oriental essa região que fica nos limites dos romanos, dos persas e dos caldeus".

[13]E muitas coisas se dignou contar-me, assim como se dignaram, também, os outros santos bispos e santos monges; sempre, todavia, coisas das Escrituras de Deus ou atos dos homens santos, quer dizer, dos monges: ou o que fizeram de maravilhoso* os que já se foram, ou o que fazem, todos os dias, os que ainda vivem – os ascetas. Pois não quero que vossa Bondade julgue ter havido, alguma vez, outros assuntos para os monges que não fossem a respeito das Escrituras de Deus ou das obras dos monges mais velhos.

O poço de Jacó – A propriedade do sírio Labão

21. [1]Dois dias depois que eu aí cheguei, conduziu-nos o bispo ao poço onde o santo Jacó dera de beber ao rebanho da santa Raquel; esse poço está situado a seis milhas de Carras e, em sua honra, foi construída, ao lado, uma igreja consagrada, bem grande e linda. Chegando nós ao poço, disse o bispo uma oração e leu ainda o passo correspondente do Gênesis (Gn 29,10); após um salmo adequado ao lugar e nova oração, abençoou-nos.

[2]Vimos também, ali, junto ao poço, no chão, a pedra enorme que o santo Jacó afastara do poço (Gn 29,3.10) e que ainda hoje exibem.

³Aí nas imediações do poço ninguém mora a não ser os clérigos da igreja e os monges que têm, ao lado, o seu retiro e cuja vida, realmente inaudita, nos descreveu o bispo. Assim, após rezarmos na igreja, dirigi-me com o bispo aos santos monges, em seus ermitérios, agradecendo a Deus e a eles, que se dignaram, em seus retiros – onde quer que eu entrasse, acolher-me de bom grado e dirigir-se a mim com palavras dignas de sua boca. Dignaram-se dar-me – e a todos quantos estavam comigo – eulógias*, como é costume darem os monges àqueles que, de boa vontade, acolhem em seus mosteiros.

⁴E como esse lugar se situa em uma grande planície, mostrou-me o santo bispo, defronte, um enorme povoado, muito provavelmente a quinhentos passos do poço e através do qual passamos. Segundo o bispo, foi este povoado, outrora, a propriedade do sírio Labão e se chama Fadana[36]. Mostraram-me, aí, a sepultura do sírio Labão, sogro de Jacó, e também o lugar donde roubara Raquel os ídolos do pai (Gn 31,19.30.34).

⁵Assim, pois, em nome de Deus, após ver tudo e dizendo adeus ao santo bispo e aos santos monges que se tinham dignado acompanhar-nos até aí, voltamos

---

36. *Fadana* corresponderia à *Haran* de Gn 28,10 e 29,4: cf. *Pereg.* 20,11 e 21,1: "a seis milhas de Carras encontrava-se a propriedade do sírio Labão"; portanto, a atual *Haran* ou *Harrãn* compreenderia as antigas *Carras* e *Haran* ou *Fadana*.

pelo mesmo caminho e pelas mesmas paradas pelos quais viéramos de Antioquia.

De Antioquia à Cilícia e à Isáuria

22. [1]De volta a Antioquia, passei aí uma semana, a preparar tudo o que me era necessário para a viagem. Partindo, a seguir, de Antioquia e passando por alguns acampamentos, cheguei à província chamada Cilícia, cuja capital é Tarso e onde eu já estivera quando fora a Jerusalém.

[2]Como se encontra, no terceiro acampamento a partir de Tarso, quer dizer, na Isáuria, o *martyrium** de Santa Tecla, tive grande prazer em para aí me dirigir, sobretudo pelo fato de ser tão perto.

Selêucia da Isáuria – O martyrium de Santa Tecla

23. [1]Partindo de Tarso, cheguei a uma cidade à beira-mar denominada Pompeiópolis, ainda na Cilícia; e daí, entrando já no território da Isáuria, descansei na cidade de Corico; no terceiro dia, cheguei à cidade chamada Selêucia da Isáuria. Chegando, fui ter com o bispo, verdadeiro santo, antigo monge; vi também, aí, nessa cidade, uma igreja belíssima.

[2]E já que daí a Santa Tecla, que se situa além da cidade, em uma colina espalmada, há, talvez, mil

e quinhentos passos, preferi prosseguir até lá, a fim de fazer a parada que estava pretendendo. Junto ao santuário não há nada além de inúmeros mosteiros de homens e mulheres.

[3]Foi aí que encontrei uma grande amiga, de cuja vida todos no Oriente davam testemunho, santa diaconisa chamada Martana, que eu conhecera em Jerusalém, aonde ela fora rezar; dirigia conventos de *aputactitae** ou virgens. Acaso poderei descrever qual tenha sido a sua ou a minha alegria quando me viu?

[4]Voltando ao assunto, há numerosos mosteiros pela colina e, no meio, um muro enorme cerca a igreja onde se encontra o *martyrium* – bastante belo, sem dúvida. Foi o muro construído para proteger a igreja contra os isáurios – muito maus e frequentemente salteadores – e impedi-los de tentar algo nas imediações do mosteiro anexo à igreja.

[5]Aí chegando, pela graça de Deus, depois de rezar no *martyrium* e de ler, também, todas as obras de Santa Tecla, dei infinitas graças a Cristo, nosso Deus, que se dignou conceder-me – a mim, indigna e não merecedora – a realização de todos os meus desejos.

[6]Assim, depois de aí passar dois dias, de ver os santos monges e *aputactitae**, tanto homens como mulheres que aí havia, e de rezar e comungar, tornei ao meu

caminho em Tarso, onde fiz uma pausa de três dias e de onde, em nome de Deus, parti para a minha viagem. Chegando, no mesmo dia, ao acampamento chamado Mansocrenas, na base do Monte Tauro, pernoitei.

Da Cilícia a Constantinopla

[7]Daí, no dia seguinte, subindo o Monte Tauro e percorrendo, por um caminho já conhecido, todas as províncias que atravessara na ida – Capadócia, Galácia, Bitínia – cheguei a Calcedônia, onde parei, por causa do *martyrium* celebérrimo de Santa Eufêmia, que aí se encontra e que eu já vira uma vez.

[8]No dia seguinte, portanto, atravessando o mar, cheguei a Constantinopla dando graças a Cristo, nosso Deus, que se dignara conceder a mim, que sou indigna e não merecedora, esta grande graça que é não só o desejo de viajar, mas ainda a possibilidade de percorrer todos os lugares que eu desejara – e de voltar de novo a Constantinopla.

[9]E, chegando, em todas as igrejas e *apostoli**e também em todos os *martyria**, que são numerosos, não cessei de dar graças a Jesus, nosso Deus, que assim se dignara mostrar-me a sua misericórdia.

Novos planos

[10]Daí, senhoras, minha luz, dedicando à vossa Bondade esta narrativa, era já meu propósito, em nome de Cristo, nosso Deus, dirigir-me à Ásia – isto é, a Éfeso – para rezar no *martyrium* do santo e bem-aventurado apóstolo João. Se, depois disso, ainda estiver viva e ainda puder conhecer alguns outros sítios, eu mesma, se Deus se dignar permitir, os descreverei a vossa bondade; ou, ao menos, se decidir outra coisa, vo-lo comunicarei por escrito. Vós, senhoras, minha luz, dignai-vos lembrar-vos de mim, quer eu esteja neste corpo ou fora dele[37] (2Cor 12,2-3)

---

37. Esta ideia de que o homem é essencialmente a sua alma retoma-se de Platão (cf. *Crátilo*, 51,10; 52,20; 53,2-5) e se encontra também em Santo Agostinho (cf. *Confessionum* Liber Nonus, 11-12).

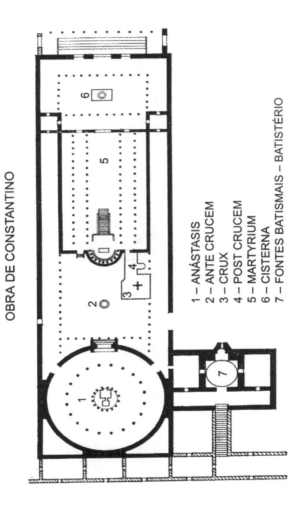

Parte II – Liturgia de Jerusalém

Basílica do Santo Sepulcro
Ofícios do semana

24. [1]E também, para que vossa bondade saiba que atos se praticam, aqui, dia a dia, nos lugares santos e por que lhe será agradável conhecê-los, devo descrevê-los.

Abrem-se, cada dia, antes de os galos cantarem, todas as portas da *Anástasis*[38] aos *monazontes* * e *parthenae* * – como aqui dizem – e não apenas a estes mas também

---

38. A construção de Constantino (cf. *Pereg.* 35,1) no local da morte e da ressurreição do Senhor consta de: *Anástasis, Calvário* e *Martyrium. Anástasis* (do grego ἀνάστασις, "ressurreição"): basílica do Santo Sepulcro. *Calvário,* que a autora chama *Crux:* elevação, onde se encontrava uma Cruz, separada da Anástasis por um pátio, que Etéria chama *ante Crucem.* Uma capelinha situava-se por detrás da Cruz, razão pela qual Etéria chama-a *post Crucem. Martyrium* ou *Ecclesia Maior,* basílica suntuosa contendo a cisterna onde se encontraram os instrumentos da Paixão. Estas igrejas foram consagradas em 335. Cf. *glossário,* art. *Encenia.*

aos leigos, homens e mulheres, que, entretanto, desejem fazer a primeira vigília. Desse momento até o dia claro, dizem-se hinos, responde-se aos salmos* e antífonas* e, a cada hino, reza-se uma oração. Dois ou três presbíteros* e diáconos* alternam, todos os dias, com os *monazontes* e, a cada hino ou antífona, dizem as orações.

²E, começando a clarear o dia, têm início os hinos matinais[39]. Eis que chega o bispo* com o clero*, entra imediatamente na gruta* e, atravessando a balaustrada que a cerca, diz, em primeiro lugar, uma oração por todos; a seguir, ele mesmo recorda os nomes daqueles por quem deseja orar e abençoa os catecúmenos*. Reza ainda uma oração e abençoa os fiéis*; após o que, saindo o bispo de trás do gradil, todos dele se aproximam a beijar-lhe a mão; ele um a um os abençoa, e termina o ofício[40]: é dia.

³Igualmente à sexta hora (meio-dia), descem[41] todos, ainda uma vez, à *Anástasis* e dizem salmos e antífonas enquanto alguém vai buscar o bispo; este, chegando, não se senta mas atravessa incontinenti a balaustrada, na *Anástasis,* isto é, entra na gruta onde

---

39. Ofício que corresponde a *Laudes.* Não confundir com as vigílias.

40. Cf. *glossário*, art. *missa.*

41. Moram nas colinas, portanto em lugares mais elevados, por isso *descem;* no texto *descendent* por *descendunt,* expressão que se repete várias vezes adiante mas que não repetimos ao pé da letra na tradução.

esteve pela manhã e daí, tal como então, após dizer uma prece, abençoa os fiéis; ao sair de trás do gradil, ainda uma vez, aproximam-se todos a fim de beijar-lhe a mão. E à hora nona (três horas), procede-se tal como à hora sexta.

[4]Por outro lado, à décima hora (quatro horas), há o que aqui chamam *licinicon** e que nós chamamos *lucernare**[42]: reúne-se, como antes, toda a multidão na *Anástasis,* acendem-se todas as tochas e círios e a claridade é imensa. A luz não é trazida de fora, mas como que lançada do interior da gruta, isto é, de trás do gradil onde brilha sempre, noite e dia, uma lamparina; recitam-se os salmos *lucernares* e antífonas, por longo tempo. Chama-se então o bispo que desce à basílica e se assenta em lugar elevado; sentam-se também os sacerdotes em seus lugares e se dizem hinos e antífonas.

[5]E, uma vez que se disseram até o fim, como de hábito, levanta-se o bispo e se mantém de pé ante o gradil, isto é, diante da gruta e, segundo o costume, um dos diáconos evoca os nomes de todos. Dizendo ele os nomes, um por um, numerosas crianças, de pé, respondem: "*Kyrie Eleyson*" – que nós dizemos "*Miserere Domine,* tem piedade, Senhor"; e incontáveis são as suas vozes.

---

42. Ofício que corresponde a *Vésperas.*

⁶Terminando o diácono, o bispo diz, em primeiro lugar, uma oração e reza por todos e assim também rezam todos a um tempo, tanto os fiéis quanto os catecúmenos*. Toma novamente a palavra o diácono: que cada um dos catecúmenos que aí se encontram incline a cabeça; o bispo, de pé, os abençoa. Reza uma segunda oração e de novo ergue a voz o diácono e ordena que cada um dos fiéis presentes abaixe a cabeça; abençoa-os igualmente o bispo e assim termina o ofício na *Anástasis*. Todos, um a um, aproximam-se do bispo a fim de beijar-lhe a mão.

⁷É o bispo, a seguir, conduzido da *Anástasis* à Cruz, e se entoam hinos e vai todo o povo com ele; aí chegando, reza uma primeira oração e outra vez abençoa os catecúmenos; uma segunda oração e abençoa os fiéis. Terminado este ato, o bispo e toda a multidão dirigem-se ao *post Crucem* onde tem lugar cerimônia semelhante: procede-se tal como se procedeu no *ante Crucem;* igualmente aproximam-se todos do bispo a beijar-lhe a mão como fizeram *na Anástasis;* assim tanto no *ante Crucem* como no *post Crucem*. Também numerosos lustres de vidro pendem por toda parte, tanto diante da *Anástasis* como no *ante Crucem* e no *post Crucem*. Estas cerimônias terminam ao cair da noite e assim se realizam, diariamente, nos seis dias da semana, junto à Cruz e na *Anástasis*.

Sétimo dia

[8]No sétimo dia, isto é, no domingo, antes do cantar dos galos, reúne-se, tal como ocorre na Páscoa, a maior multidão possível neste lugar, na basílica situada junto à *Anástasis* – do lado de fora, entretanto, onde há luzes para a cerimônia[43]: porque todos, temendo não chegar antes do canto dos galos, chegam mais cedo e aí se assentam; e entoam hinos e antífonas* e dizem orações a cada hino e a cada antífona. Sacerdotes e diáconos estão sempre prontos, nesse local, para as vigílias, por causa da multidão que aí se reúne: pois, segundo o costume, não se abrem os lugares santos antes de os galos cantarem.

[9]Porém, logo que cante o primeiro galo, imediatamente desce o bispo e entra na gruta situada na *Anástasis;* abrem-se todas as portas e na *Anástasis,* onde brilham já incontáveis luzes, entra a multidão; logo que o faz, um dos presbíteros diz um salmo a que todos respondem e se reza uma prece; a seguir diz o salmo um dos diáconos e se reza outra oração; e um clérigo diz um terceiro salmo e se diz uma terceira oração, na intenção de todos.

[10]Após os três salmos e as três orações, eis que são trazidos os turíbulos à gruta da *Anástasis* e toda a basílica

---

43. Entenda-se o átrio denominado *ante Crucem.*

transborda de aromas. Então, o bispo, de pé, além do gradil, toma o Evangelho, aproxima-se da porta e lê, ele mesmo, a Ressurreição do Senhor. Iniciada a leitura, tais são os gritos e gemidos de todos os homens, e tais as suas lágrimas, que o mais insensível é sacudido pelo choro por causa dos sofrimentos que curtiu o Senhor por nós.

[11]Depois de ler o Evangelho, retira-se o bispo e com ele segue todo o povo – e é conduzido com hinos à Cruz. Dizem aí outro salmo e rezam outra oração. O bispo torna a abençoar os fiéis e os dispensa. E, saindo ele, todos se aproximam a beijar-lhe a mão.

[12]Logo depois, recolhe-se o bispo à sua casa e voltam todos os *monazontes* * à *Anástasis,* onde recitam salmos* e antífonas* até o raiar do dia; a cada salmo ou antífona rezam uma prece; revezando-se, os sacerdotes e diáconos celebram diariamente as vigílias na *Anástasis* com o povo. Dos leigos*, homens e mulheres, todos os que o desejam, aí permanecem até o nascer do dia e os que o não desejam regressam a casa e voltam a dormir.

25. [13]Ao amanhecer, porque é domingo, dirigem--se à Igreja Maior, construída por Constantino e situada no Gólgota, atrás da Cruz[44]; e se procede segundo

---

44. Trata-se da basílica; não confundir com a capelinha situada imediatamente atrás da Cruz e que a autora chama também *post Crucem.*

a tradição: tal como em toda parte, comemora-se o domingo. É costume aqui que, dos presbíteros que aí se encontram, preguem todos aqueles que assim o desejem; e depois deles, pregue o bispo; e tais pregações têm lugar todos os domingos a fim de instruir o povo nas Escrituras e no amor de Deus; estes sermões se estendem grandemente e por isso, antes da quarta hora, ou, talvez, da quinta hora (dez ou onze horas), não é possível deixar a igreja.

[2]Uma vez terminado o ofício e deixada a igreja, os *monazontes* * acompanham o bispo, como em toda parte se faz, e o conduzem, entoando hinos, até a *Anástasis*. Aproximando-se o bispo, ao som dos hinos, abrem-se inteiramente as portas da basílica *Anástasis* e entra todo o povo – ou melhor, entram os fiéis mas não os catecúmenos.

[3]Entrando o povo, entra o bispo e, sem demora, atravessa o gradil do *martyrium* da gruta. Dão-se primeiro Graças a Deus[45] e, em seguida, reza-se uma oração por todos; logo, tomando a palavra, ordena o diácono a todos os presentes que inclinem a cabeça e assim os abençoa o bispo, de pé, atrás da balaustrada; a seguir sai.

---

45. Esta cerimônia corresponde à Eucaristia, também chamada Ação de Graças. A autora não se estende, provavelmente, por causa do segredo ou Arcano (cf. São Paulo, Ef 3,3-9), ou talvez por se dirigir às suas irmãs, que dispensariam explicações. O Santo Sacrifício é chamado por Etéria *Missa* ou *Oblatio*, e dele eram excluídos os catecúmenos.

⁴E, saindo o bispo, vêm todos a beijar-lhe a mão. Assim é que quase até a quinta ou sexta hora (onze horas, meio-dia) se prolonga o ofício.

Também ao *lucernare** procede-se às cerimônias segundo o costume de todos os dias. Este hábito se conserva igual, dia após dia, durante todo o ano, exceto nos dias solenes cujas cerimônias adiante registraremos.

⁵E o que é realmente notável é que se escolhem sempre, para cantar, salmos* e antífonas* apropriados; tanto os que se dizem à noite como os que, ao contrário, se dizem pela manhã e ainda os que se dizem durante o dia – à sexta hora, à nona hora ou ao *lucernare*, são, sempre, de tal forma adequados e tão bem escolhidos que dizem respeito, sempre, à cerimônia a que se destinam.

⁶E ainda que, durante todo o ano, sempre se vá, aos domingos, à Igreja Maior, isto é, à que se encontra no Gólgota, atrás da Cruz, e que foi construída por Constantino, há entretanto um domingo, que é o quinquagésimo dia, e corresponde ao domingo de Pentecostes*, em que se dirigem todos a Sion[46], tal como o vereis descrito adiante; embora cheguem a Sion antes da

---

46. *Sion* é o santuário do Cenáculo sobre o Monte das Oliveiras, a duzentos passos do Gólgota, onde o Senhor havia celebrado a Ceia e onde desceu o Espírito Santo sobre os apóstolos (cf. At 1,12-13; 2,1ss.). A basílica data de 335 ou 347.

hora terceira (nove horas), celebra-se, primeiramente, a Missa na Igreja Maior...

Festas litúrgicas
Nascimento do Senhor[47]

(LACUNA) ..."Bendito seja aquele que vem em nome do Senhor" etc. (Mt 21,9). E visto que, por causa dos *monazontes**, que vão a pé, é necessário seguir vagarosamente, chega-se a Jerusalém à hora em que cada homem começa a poder ver a face do seu companheiro, isto é, quando, sendo quase dia, não é dia contudo.

[7]Logo que aí chegam, entra o bispo, imediatamente, na *Anástasis,* onde brilham já, sobremodo, as luzes; e com ele entram todos. Dizem, então, um salmo, fazem uma prece e, primeiro os catecúmenos, a seguir os fiéis, são abençoados pelo bispo. Retira-se este e cada qual se dirige à sua casa a fim de descansar. Os *monazontes,* porém, aí permanecem até o dia claro e recitam hinos.

[8]Ora, tendo o povo descansado, principiando a hora segunda (oito horas), agrupam-se todos na Igreja Maior, situada no Gólgota. Supérfluo seria descrever os ornamentos das igrejas nesse dia, quer na *Anástasis,* quer

---

47. Cf. nota 10. A comemoração do Nascimento do Senhor na Epifania justifica as celebrações em Belém. Cf. adiante, *Pereg.* 25,8.12.

na Cruz ou em Belém, onde, além do ouro e das gemas e da seda, nada mais se vê; as tapeçarias, se as virdes, são inteiramente de seda e bordadas em ouro; se virdes cortinas, são igualmente de seda e igualmente guarnecidas de ouro; e os ornamentos sacros de toda espécie que se mostram nesse dia são de ouro incrustado de pedras preciosas; e o número ou o peso dos círios, dos candelabros, das lâmpadas de azeite ou dos diversos objetos de culto, pode ser, acaso, calculado ou registrado?

[9]E que posso eu dizer da ornamentação dessas construções de Constantino que, assistido pela mãe[48], até onde lhe permitiram os recursos do seu reino, decorou com ouro, mosaico e mármore precioso tanto a Igreja Maior quanto *a Anástasis*, a Cruz e os outros lugares santos de Jerusalém?

[10]Bem, voltando ao assunto, celebra-se, no primeiro dia, a Missa na Igreja Maior, situada no Gólgota; e tanto os sermões que se pregam quanto os textos[49] que se leem e os hinos que se recitam, tudo é condizente com esse dia. Após o término do ofício na igreja, voltam, entoando hinos, à *Anástasis*, como é o costume, e o povo é dispensado, aproximadamente à sexta hora (meio-dia).

---

48. Santa Helena.
49. O termo litúrgico é *leitura*.

[11] Ao *lucernare** procede-se também nesse dia exatamente segundo o costume cotidiano.

No dia seguinte, volta-se novamente à igreja do Gólgota e também assim no terceiro dia; por três dias, portanto, até a sexta hora, vibra toda esta alegria na igreja construída por Constantino.

No quarto dia é no Eleona[50], isto é, na igreja do Monte das Oliveiras, extraordinariamente bela, que se realizam a mesma ornamentação e as mesmas celebrações.

No quinto dia é no *Lazarium*[51], distante, aproximadamente, mil e quinhentos passos de Jerusalém; no sexto dia em Sion; no sétimo, na *Anástasis*; no oitavo, junto à Cruz.

Assim, pois, durante oito dias, todo este júbilo e todo este esplendor se encontram em todos os lugares santos que acima descrevi.

[12]E, em Belém, diariamente, durante os oito dias, a mesma beleza e o mesmo regozijo são cultivados pelos sacerdotes e por todo o clero da região e pelos *monazontes** aí incorporados. Pois, a partir do momento em que

---

50. *Eleona:* igreja a cavaleiro do Monte das Oliveiras, também chamado Monte Eleona; encontrava-se ali a gruta onde Jesus teria instruído os seus apóstolos.

51. *Lazarium*: igreja no local onde se comemora a ressurreição de Lázaro. Sua construção é posterior a 330.

todos, à noite, voltam a Jerusalém com o bispo, os monges* do lugar, todos eles, aí permanecem e velam a noite inteira na igreja de Belém, recitando hinos e antífonas, porque o bispo deve passar essas noites[52] em Jerusalém. E, por causa da solenidade e da alegria desse dia, reúnem-se incalculáveis multidões em Jerusalém: vêm, de todos os lados, não só *monazontes* mas também leigos* – homens e mulheres.

Jesus no Templo

26. [1]Na verdade, o quadragésimo dia após a Epifania é aqui celebrado com suma honra. Há, nesse dia, uma procissão na *Anástasis* e todos dela participam; tal como na Páscoa, tudo decorre segundo a tradição e com grande júbilo. Pregam todos os sacerdotes e também o bispo, expondo, sempre, o passo do Evangelho no qual se lê que, no quadragésimo dia, José e Maria levaram o Senhor ao templo, onde o viram Simeão e a profetisa Ana, filha de Fanuel, e se mencionaram as palavras que proferiram ao ver o Senhor e a oferenda[53] que fizeram os pais (Lc 2,21-38). Depois de executadas, segundo o rito, as cerimônias do costume, celebra-se a santa Missa e termina o ofício.

---

52. No texto *hos dies*; na verdade, entretanto, o bispo esteve em Belém até a noite.

53. Cf. *glossário*, art. *oblatio*.

Quaresma

26. [1]Chegando os dias da Páscoa, são assim celebrados: como, entre nós, se guardam os quarenta dias que precedem a Páscoa, respeitam-se, aqui, oito semanas. Guardam-se oito semanas porque não se jejua aos sábados e domingos, exceto em um único sábado – o das vigílias pascais no qual se deve jejuar; além desse dia, portanto, absolutamente nunca se jejua aqui, aos sábados, o ano todo. Assim, pois, descontando das oito semanas os oito domingos e sete sábados – já que é necessário jejuar num sábado como acima referi – sobram quarenta e um dia nos quais se jejua, e que aqui se chama *eortae**, isto é, Quaresma.

Ofícios diários

[2]E todos os dias de cada uma dessas semanas decorrem da seguinte forma: no domingo, ao primeiro canto do galo, lê o bispo, na *Anástasis,* o passo do Evangelho referente à ressurreição do Senhor, como sempre faz aos domingos, o ano inteiro; igualmente, até o clarear do dia, celebram-se, na *Anástasis* e na Cruz, os mesmos ofícios que é costume celebrar aos domingos, o ano todo. [3]Em seguida, pela manhã, como sempre aos domingos, vai-se à Igreja Maior, chamada *Martyrium**, situada no Gólgota, atrás da Cruz, e cumpre-se o rito

que é costume cumprir aos domingos. E, igualmente, terminado o ofício na igreja, volta-se, em procissão, à *Anástasis,* entoando hinos como todos os domingos; enquanto se realizam esses atos, aproxima-se a hora quinta (onze horas). Também o *lucernare** se faz à mesma hora de sempre, tanto na *Anástasis* e na Cruz como em todos os lugares santos. No domingo, porém, não se realiza o culto da nona hora (três horas).

[4]Na segunda-feira, igualmente, ao primeiro canto do galo, vai-se à *Anástasis,* como todo o ano, e se faz o mesmo de sempre, até de manhã. À terceira hora, volta-se *à Anástasis* e se faz, ainda, o que é costume fazer à sexta hora durante o ano inteiro, já que nos dias da Quaresma junta-se a cerimônia da sexta hora à da terceira. Também à sexta e à nona horas, e ao *lucernare,* procede-se tal como é costume, durante o ano todo, proceder nesses lugares santos.

[5]Na terça-feira tudo se faz como na segunda-feira.

Também na quarta-feira vão, noite ainda, à *Anástasis* e procedem como sempre, até de manhã; igualmente à terceira e à sexta hora; à nona hora (três horas), porém, vão a Sion porque o ano inteiro, às quartas e às sextas-feiras, à nona hora, costumam sempre ir a Sion, visto que nessas regiões, exceto se os dias dos mártires coincidem, a quarta e a sexta são sempre dias de jejum, mesmo para os catecúmenos. Mas se, por acaso, durante a Quaresma, coincidir o dia dos mártires com a quarta ou a sexta-feira, então não vão a Sion, à nona hora.

[6]Realmente, durante a Quaresma, como acima referi, às quartas-feiras à nona hora, dirigem-se todos a Sion, como é o costume durante o ano inteiro, e fazem tudo quanto manda a tradição que se faça a essa hora, exceto a Oblação[54]; pois, para que o povo aprenda sempre a lei, o bispo e um sacerdote pregam assiduamente. Terminado o ofício, o povo, entoando cânticos, acompanha o bispo daí à *Anástasis*; assim, ao chegarem à *Anástasis,* é já a hora do *lucernare**; entoam hinos e antífonas, rezam as orações e termina a cerimônia do acender das luzes na *Anástasis* e junto à Cruz.

[7]A cerimônia crepuscular[55], nesses dias da Quaresma, termina sempre mais tarde do que durante o resto do ano.

Na quinta-feira tudo se faz como na segunda-feira e na terça. Já as cerimônias da sexta-feira são semelhantes às da quarta-feira: vão, igualmente, a Sion à nona hora e também, daí até a *Anástasis,* é acompanhado o bispo ao canto dos hinos. Mas, na sexta-feira, celebram as vigílias, na *Anástasis,* desde a hora em que chegam

---

54. *Oblação*: Ação de Graças, Missa. Conservamos a maiúscula em Oblação quando se refere à Missa no sentido atual.

55. No texto *lucernare*. A autora emprega, indiferentemente, *lucernare* e *lucernariurn*. Cf. *glossário,* art. *lucernare.*

de Sion entoando hinos, até de manhã, isto é, da hora crepuscular até a manhã seguinte, isto é, a manhã de sábado. Faz-se bem cedo a Oblação *na Anástasis,* de forma a terminar o ofício antes do nascer do sol.

[8]Durante toda a noite, alternam-se salmos* e responsos, antífonas* e leituras diversas, e tudo isto se prolonga até de manhã. A Missa, isto é, a Oblação que se faz no sábado na *Anástasis,* celebra-se antes do nascer do sol, para que o ofício esteja terminado quando o sol começar a surgir.

Assim é que se comemoram todas as semanas da Quaresma.

Jejum

[9]O que eu disse, que a Missa no sábado é oficiada bem cedo, isto é, antes do nascer do sol, tem por finalidade libertar mais cedo os que aqui se chamam *hebdomadarii**. Pois tal é o costume dos jejuns, aqui, durante a Quaresma: esses que se chamam *hebdomadarii,* isto é, que jejuam semanas, comem no domingo ao terminar o ofício, na quinta hora (onze horas); e, almoçando no domingo, nada mais comem a não ser no sábado pela manhã, logo depois de comungar na *Anástasis.* É por causa deles, portanto, para desobrigá-los mais cedo, que se celebra o ofício antes de raiar o sábado, na *Anástasis.* O que afirmei, que é por causa deles que se oferece o

sacrifício ao amanhecer, não significa que sejam os únicos a comungar, porque, de fato, comungam todos os que desejam fazê-lo, nesse dia, na *Anástasis*.

28. [1]É o seguinte o costume dos jejuns, aqui, durante a Quaresma: alguns, depois de comer no domingo, após a Missa, isto é, na quinta ou na sexta hora, já não comem durante toda a semana, a não ser no sábado seguinte, após a Missa da *Anástasis*: são os que jejuam a semana inteira. [2]No sábado, depois de comer pela manhã, já não comem à tarde mas, no dia seguinte, que é domingo, almoçam ao sair da igreja, à hora quinta (onze horas) ou mais tarde; depois não comem até o sábado seguinte, como contei acima.

[3]É realmente costume aqui, que todos os *aputactitae** como são chamados – homens e mulheres – não só durante os dias da Quaresma, porém durante o ano todo, quando podem comer, não o façam senão uma vez por dia. Se, porém, alguns desses *aputactitae* não podem fazer as semanas inteiras de jejum, que descrevi acima, durante toda a Quaresma, jantam na quinta-feira; aquele que não consegue nem isto, faz, durante toda a Quaresma, jejuns de dois dias; e aqueles que nem isto podem, comem todas as noites. [4]E ninguém determina o quanto é preciso fazer, mas cada um faz o que pode; nem será louvado o que tiver feito muito, nem censurado o que tiver feito pouco. Eis, pois, aqui, o costume. E

seu alimento é, nos dias da Quaresma, o seguinte: não comem pão – que não deve sequer ser provado – nem azeite nem o que quer que venha das árvores, mas tão somente água e um pouco de mingau de farinha; durante toda a Quaresma é assim que se faz, como dissemos[56].

29. [1]E no final dessas semanas, as vigílias na *Anástasis* vão desde o crepúsculo, quando vêm de Sion entoando salmos, até a manhã de sábado, quando se faz a Oblação na *Anástasis*. E na segunda semana, e na terceira e na quarta e na quinta e na sexta semanas, seguem o mesmo ritual da primeira semana da Quaresma.

Sétima semana – Igreja de Lázaro

[2]Chegando a sétima semana – isto é, quando, contando com esta, faltam apenas duas semanas para a Páscoa – tudo fazem, cada dia, como nas semanas precedentes, exceto que as vigílias que durante aquelas semanas fazem na *Anástasis,* na sexta-feira da sétima semana se fazem em Sion, da mesma forma como as fizeram na *Anástasis* nas semanas anteriores: e dizem, em todas as vigílias, salmos e antífonas sempre adequados, tanto ao lugar quanto ao dia. [3]E, ao aproximar-se a manhã, rompendo o sábado, faz o bispo* a consagração

---

56. O jejum de quarenta dias é reminiscência hebraica (cf. Ex 34,28; Dt 9,9.18; Mt 4,2).

e a Oblação* da manhã de sábado. Terminado o ofício, tomando a palavra, diz o arquidiácono: "Estejamos todos, hoje, à hora sétima, no *Lazarium*". E assim, pois, aproximando-se a hora sétima, vão todos ao *Lazarium*. E o *Lazarium*, isto é, a Betânia, fica, talvez, a menos de duas milhas da cidade.

[4]Quem vai de Jerusalém ao *Lazarium* vê, a mais ou menos quinhentos passos daí, na estrada, o lugar onde Maria, irmã de Lázaro, correu ao encontro do Senhor. E, chegando o bispo, dele se aproximam todos os monges* e entra o povo e se entoa um hino e uma antífona e se lê o trecho* do Evangelho no qual a irmã de Lázaro corre ao encontro do Senhor (Jo 11,29). Após a prece, uma vez que todos tenham sido abençoados, seguem em direção ao *Lazarium,* cantando hinos.

[5]Chegando a multidão ao *Lazarium,* tão grande é que não só o próprio local mas todos os campos ao redor ficam cheios de gente. E de novo dizem hinos e antífonas de acordo com o dia e o lugar, assim como são apropriadas ao dia quaisquer leituras que se façam.

Terminado o ofício, anuncia-se a Páscoa, isto é, sobe um sacerdote ao local mais alto e lê o seguinte episódio narrado no Evangelho: "Chegando Jesus a Betânia seis dias antes da Páscoa" etc. (Jo 12,1). Lido o texto e anunciada a Páscoa, termina a cerimônia.

[6]E assim se age nesse dia porque está escrito no Evangelho que seis dias antes da Páscoa isso aconteceu na Betânia: desde o sábado, realmente, até a quinta-feira na qual, após a Ceia, à noite, foi preso o Senhor, decorreram seis dias.

Voltam todos, então, à cidade, diretamente à *Anástasis* e aí, segundo o costume, celebra-se o *lucernare**.

Semana Santa
Domingo de Ramos

30. [1]No dia seguinte, isto é, no domingo em que se entra na semana pascal aqui chamada *septimana maior*[57], celebra-se, desde o primeiro cantar dos galos até de manhã, as cerimônias costumeiras na *Anástasis* e junto à Cruz; o que quer dizer que vão, como sempre, à igreja Maior, chamada *Martyrium**. Chama-se *Martyrium* por estar situada no Gólgota, isto é, atrás da Cruz onde o Senhor padeceu: daí o nome de *Martyrium*.

[2]Depois de celebrarem o culto, segundo o costume, na Igreja Maior – antes, porém, de se dispersar o povo – toma a palavra o arquidiácono e diz, primeiro: "Durante toda esta semana, a partir de amanhã à

---

57. *Septimana maior,* semana pascal, grande semana ou semana santa: oitava semana da Quaresma.

nona hora, reunamo-nos no *Martyrium,* isto é, na Igreja Maior". A seguir, falando novamente, diz: "Hoje, à sétima hora, devemos estar presentes no Eleona".

[3]Saindo da Igreja Maior, isto é, do *Martyrium**, acompanham o bispo à *Anástasis,* entoando hinos; *na Anástasis,* terminadas as cerimônias que é costume realizar aos domingos após a dispensa no *Martyrium,* cada um, imediatamente, retirando-se à sua casa, apressa-se a comer para que, chegando a sétima hora, todos se encontrem na igreja de Eleona, isto é, no Monte das Oliveiras onde se situa a gruta na qual pregava o Senhor.

31. [1]À sétima hora, portanto, todo o povo – e também o bispo – sobe à igreja do Monte das Oliveiras, isto é, Eleona; recitam hinos e antífonas adequados a esse dia e lugar e igualmente leituras. Por volta da nona hora (três horas), entoando hinos, sobem ao *Imbomon,* isto é, ao sítio de onde subiu o Senhor aos céus, e aí se sentam; pois todo o povo – estando sempre presente o bispo – é convidado a sentar-se e só os diáconos* permanecem o tempo inteiro de pé. Também aí recitam hinos e antífonas apropriados ao lugar e ao dia e, igualmente, leituras intercaladas e orações.

[2]Aproximando-se a undécima hora (cinco horas), leem o passo do Evangelho segundo o qual as crianças correram ao encontro do Senhor com ramos e palmas

dizendo: "Bendito seja o que vem em nome do Senhor" (Mt 21,8-9). Levantam-se, imediatamente, o bispo e todo o povo e, do alto do Monte das Oliveiras, descem todos a pé. E caminha todo o povo à frente do bispo, entoando hinos e antífonas e repetindo sempre: "Bendito seja o que vem em nome do Senhor".

[3]E todas as crianças da região, até mesmo as que, pela pouca idade, não podem andar pelos seus próprios pés e que os pais carregam ao colo, todas levam ramos – umas de palmas, outras de oliveiras; e acompanham o bispo tal como foi acompanhado o Senhor (Mt 21,8).

[4]Do alto do monte até a cidade e daí até *à Anástasis,* através de toda a cidade, o caminho todo perfazem-no todos a pé, mesmo as senhoras e os chefes; todos, cantando, acompanham o bispo lentamente, mui lentamente para que se não canse o povo; e, continuando sempre, chegam, já tarde, à *Anástasis.* E, embora cheguem tarde, celebram contudo o *lucernare,* fazem uma nova oração, junto à Cruz, e dispersam-se.

De segunda a quarta-feira

32. [1]No dia seguinte, isto é, na segunda-feira, realizam-se as cerimônias habituais, desde o primeiro cantar do galo até de manhã, na *Anástasis*; também à terceira e à sexta hora têm lugar as mesmas celebrações de toda a

Quaresma. À nona hora (três horas), reúnem-se todos na Igreja Maior, isto é, no *Martyrium,* e aí, até a primeira hora da noite (sete horas), o tempo inteiro, recitam hinos, antífonas e leituras apropriados ao dia e ao local, intercalando orações. ²Procede-se também ao *lucernare** ao chegar o momento; por isso é já noite quando termina a cerimônia no *Martyrium.* Dispensado o povo, ao som das vozes que entoam hinos, é o bispo acompanhado à *Anástasis.* Regressando-se à *Anástasis,* diz-se um hino, faz-se uma prece, abençoam-se os catecúmenos e os fiéis e termina o ofício.

33. ¹Também na terça-feira, tudo se faz como na segunda-feira. Apenas isto se acrescenta na terça-feira: tarde da noite, depois que termina a cerimônia no *Martyrium** e se vai à *Anástasis,* uma vez terminada, também aí, a cerimônia, todos – a essa hora, à noite – vão à igreja situada no Monte Eleona.

²E, chegando a essa igreja, entra o bispo na gruta na qual costumava o Senhor instruir os seus discípulos e toma o Livro dos Evangelhos e, de pé, ele – o bispo – lê as palavras do Senhor que estão escritas no Evangelho segundo São Mateus: "Cuidai para que ninguém vos seduza" (Mt 24,4); e toda essa alocução o bispo a lê do princípio ao fim. E, tendo-a lido inteira, rezam todos uma oração; os catecúmenos são abençoados assim

como os fiéis e o povo é dispensado: termina a cerimônia e cada um volta do monte à sua casa, já bem tarde da noite.

34. [1]Assim também na quarta-feira tudo se passa, o dia todo, a partir do primeiro canto do galo, tal como na segunda-feira e na terça, mas, após o término do ofício, à noite, no *Martyrium,* e uma vez que tenha sido acompanhado o bispo com hinos à *Anástasis,* imediatamente entra ele na gruta da *Anástasis* e permanece de pé atrás do gradil, enquanto um sacerdote, também de pé, mas diante do gradil, toma o Evangelho e lê o trecho em que Judas Iscariotes vai ao encontro dos judeus e estipula o quanto lhe darão para trair o Senhor (Mt 26,14). Nem bem termina a leitura, tão grande é o clamor e o gemido de todo o povo que, nesse instante, não há quem não seja levado às lágrimas. Reza-se, logo depois, uma oração, abençoam-se os catecúmenos, a seguir os fiéis, e termina a cerimônia.

Quinta-feira Santa

35. [1]Também na quinta-feira se conduzem as práticas a partir do primeiro canto do galo, como sempre, até de manhã, na *Anástasis,* e também na terceira hora e na sexta. E, à oitava hora (duas horas), segundo o costume, reúne-se todo o povo no *Martyrium,* um pouco mais cedo, aliás, porque é preciso que o ofício termine mais rapidamente; reunido o povo todo, faz-se o que deve ser feito. A Oblação* é, nesse dia, oferecida no *Martyrium* e aí mesmo termina o culto, mais ou menos à décima hora (quatro horas). Antes, porém, de dispensar o povo, diz o diácono: "À primeira hora da noite, venhamos todos juntos à igreja de Eleona, visto que hoje à noite nos espera a maior fadiga".

[2]Assim, pois, uma vez terminado o ofício no *Martyrium,* voltam ao *post Crucem,* recitam aí um só hino, fazem uma prece, oferece o bispo a Oblação e todos comungam. Na verdade, exceto nesse único dia, durante todo o ano, jamais se consagra no *post Crucem*; nunca, a não ser nesse único dia. Terminada, pois, aí, a cerimônia, entra-se na *Anástasis,* faz-se uma prece, abençoam-se, segundo o costume, os catecúmenos assim como os fiéis e termina o ofício. Cada um se apressa a voltar à sua casa a fim de comer, porque assim que tenham comido, vão todos ao Eleona, à igreja na qual há a gruta onde esteve o Senhor com os seus apóstolos nesse dia.

[3]E aí, até mais ou menos à quinta hora da noite (onze horas), permanecem recitando hinos ou antífonas concernentes ao dia e ao local e também leituras,

intercalando orações; leem-se também os passos do Evangelho nos quais o Senhor fala com os seus discípulos nesse mesmo dia, sentado nessa mesma gruta que aí há, nessa igreja.

[4]E daí, já na sexta hora da noite aproximadamente (mais ou menos meia-noite), sobem ao Imbomon entoando hinos, ao lugar do qual o Senhor subiu aos céus. E aí, novamente, recitam leituras, hinos e antífonas concernentes ao dia; e também quaisquer orações que rezem, ou que pronuncie o bispo, são sempre apropriadas ao dia e ao lugar.

Sexta-feira Santa – O Santo Lenho

36. [1]Assim, pois, ao ter início o canto dos galos, descem do Imbomon, entoando hinos, e se aproximam do lugar onde o Senhor rezou como está escrito no Evangelho: "E se aproximou à distância de um arremesso de pedra e orou" etc. (Lc 22,41): e há nesse local uma bela igreja. Entra o bispo, e com ele todo o povo, rezam uma oração condizente com o lugar e o dia, recitam aí também um hino adequado e leem o trecho do Evangelho em que o Senhor diz aos seus discípulos: "Vigiai para que não entreis em tentação" (Mc 14,38): e todo esse passo é lido e se ergue uma nova prece.

²Logo, entoando cânticos, descem com o bispo – até mesmo a menor das crianças – a pé, até Getsêmani[58], por causa da enorme afluência de gente cansada pelas vigílias e esgotada pelos jejuns cotidianos, e porque há um monte muito alto que é preciso descer, seguem passo a passo, entoando hinos, em direção a Getsêmani. E mais de duzentos círios de igreja iluminam o povo.

³Chegando a Getsêmani, dizem inicialmente uma oração apropriada e recitam um hino; leem também o passo do Evangelho no qual é preso o Senhor. Mal termina a leitura, tão grande é o clamor e o gemido de todo o povo, chorando, que, ao longe, na cidade talvez, é ouvido o lamento de todo esse povo. Após o que, entoando hinos, voltam à cidade a pé, e chegam às suas portas no momento em que cada homem começa a reconhecer os outros homens; desde esse instante, todos, sem exceção, maiores e menores, ricos, pobres, todos se encontram presentes na cidade; de maneira muito especial, ninguém, nesse dia, abandona as vigílias, até de manhã. E acompanham o bispo de Getsêmani até a porta e daí por toda a cidade, até a Cruz.

---

58. *Getsêmani-*. chácara perto de Jerusalém onde se encontrava o Jardim das Oliveiras, ao pé do monte do mesmo nome e onde o Senhor costumava rezar. Etéria não menciona a existência de uma igreja nesse local; no entanto, deveria haver uma, construída por Teodósio; ou talvez seja essa a igreja mencionada em 36,1 (cf. Introdução; cf. Mt 26,36, nota na versão portuguesa citada; cf. tb. *Dicionário Bíblico,* art. *Getsêmani).*

⁴Ora, quando se chega ao *ante Crucem,* o dia está se tornando, já, quase claro. Aí, novamente, se lê o passo do Evangelho no qual é o Senhor trazido a Pilatos (Mt 27,2); e tudo quanto consta ter dito Pilatos ao Senhor e aos judeus, tudo se lê (Mt 27,llss.; Mc 15,1-5; Lc 23,1-5; Jo 18,28-38).

⁵A seguir, confortando-o, dirige-se o bispo ao povo que por toda a noite sofreu e há de ainda sofrer nesse dia: que se não deixe abater mas tenha esperança em Deus que lhe há de conceder recompensa maior pela sua fadiga. E assim a todos anima, como pode, e diz-lhes: "Entrementes, ide todos, agora, a vossas casas; descansai um pouco e, aproximadamente à segunda hora do dia (oito horas), estai todos aqui presentes para que, desse momento até a sexta hora, possais ver o santo lenho da cruz – confiando todos nós em que ele há de ser útil à nossa salvação – porquanto, a partir da hora sexta (meio-dia), novamente é necessário que aqui nos reunamos todos neste lugar, isto é, no *ante Crucem*, para que, até à noite, nos dediquemos às leituras e às orações.

37. ¹Após o que, portanto, afasta-se o povo da Cruz, ainda antes do nascer do sol e todos, imediatamente, cheios de ânimo, vão a Sion rezar diante da coluna contra a qual foi flagelado o Senhor. Ao voltar, descansam um pouco em casa e logo estão todos prontos.

E então coloca-se a cátedra episcopal no Gólgota, atrás da Cruz que agora lá se ergue[59]; sentando-se o bispo, coloca-se diante dele uma mesa coberta de linho; de pé, em torno da mesa, permanecem os diáconos*; um estojo de prata dourada, no qual se encontra o lenho santo da cruz, é trazido, aberto e exposto, colocando-se sobre a mesa, tanto o lenho da cruz quanto o seu título. [2]E, uma vez colocados sobre a mesa, o bispo, sentado, aperta com as suas mãos as extremidades do santo lenho e os diáconos, que se mantêm de pé, ao redor, observam.

O lenho é assim guardado porque é costume que todo o povo se aproxime, tanto os fiéis quanto os catecúmenos, um a um e, inclinando-se para a mesa, beijem o santo lenho e passem. E, porque dizem ter alguém, não sei quando, cravado os dentes no santo lenho roubando-lhe um pedaço, por isso é assim guardado agora pelos diáconos que se postam em volta – para que ninguém, chegando, ouse fazê-lo de novo.

[3]Assim, pois, todo o povo passa; inclinando-se todos, um de cada vez, tocando primeiro com a testa e depois com os olhos a cruz e o título e beijando a cruz, afastam-se; ninguém, porém, estende a mão para tocá-la. Ora, depois que todos beijam a cruz e passam, um diácono, de pé, segura o anel de Salomão e

---

59. No local chamado *post Crucem*.

a ânfora da qual se ungiam os reis. Beija-se a ânfora e contempla-se o anel.

Até a sexta hora passa todo o povo, entrando por uma porta, saindo por outra, visto que isto se dá no lugar onde, na véspera, isto é, na quinta-feira, se fez a Oblação*.

[4]E, aproximando-se a sexta hora, caminham em direção à Cruz, quer chova quer faça calor, porque o lugar fica ao ar livre; é como que um pátio bem grande e extraordinariamente belo, situado entre a Cruz e a *Anástasis*[60]. Aí, pois, é que se reúne o povo todo, de tal forma que nem se pode abrir caminho.

[5]Coloca-se a cátedra episcopal diante da Cruz e, da sexta até a nona hora, nada se faz senão leituras, da seguinte maneira: lê-se, primeiro, tudo quanto nos salmos diz respeito à Paixão; leem-se, a seguir, nos Apóstolos – ou nas Epístolas ou nos Atos dos Apóstolos – todos os passos em que se referiram à Paixão do Senhor; e também nos Evangelhos se leem os trechos da Paixão. Leem-se, em seguida, nos profetas, os passos onde predisseram que o Senhor haveria de sofrer, e novamente os Evangelhos nos trechos referentes à Paixão.

[6]Assim, desde a hora sexta até a hora nona, fazem-se continuamente leituras ou se recitam hinos para mostrar a todo o povo que tudo quanto os profetas predisseram

---

60. Cf. o plano do Santo Sepulcro.

da Paixão do Senhor realmente aconteceu, como se vê mui claramente tanto pelos evangelhos quanto ainda pelos escritos dos apóstolos. E assim, durante as três horas, ensina-se ao povo que nada se fez que não tenha sido primeiro anunciado e nada se anunciou que se não tenha completamente realizado. E sempre se intercalam preces – e essas preces são próprias para o dia.

[7]A cada uma das leituras e preces, tal é o sofrimento e tais são os lamentos de todo o povo que chegam a causar espanto: não há ninguém, nem grande nem pequeno, que nesse dia, durante essas três horas, não se aflija enormemente – e é impossível calcular tamanha aflição – pelo muito que o Senhor padeceu por nós. Aproximando-se a nona hora, lê-se então o passo do Evangelho de São João onde o Senhor expirou (Mt 27,45-50; Mc 15,33-37; Lc 23,44-46; Jo 19,28-30): após a leitura, reza-se uma oração e termina o ofício.

[8]Ora, logo que termina a cerimônia no *ante Crucem*, dirigem-se todos, imediatamente, à Igreja Maior, ao *Martyrium* *, e fazem o que, durante toda essa semana, a partir da hora nona – hora em que chegam ao *Martyrium* – se habituaram a fazer, até à noite. Terminando aí o ofício, dirigem-se todos à *Anástasis* e, aí chegando, leem o passo do Evangelho no qual José[61] pede a Pilatos o corpo

---

61. José de Arimateia.

do Senhor e o coloca em um sepulcro novo (Jo 19,38). Após a leitura desse texto, fazem uma prece; abençoam-se os catecúmenos e dispensa-se o povo.

[9]E nesse dia não se convoca o povo para a vigília na *Anástasis,* visto que se sabe o quanto está fatigado; mas na verdade é costume continuar aí a vigília. Assim, aqueles dentre o povo que o desejam, ou melhor, aqueles que o podem, velam e aqueles que o não podem, não o fazem; por outro lado os clérigos* permanecem de vigília, isto é, pelo menos os mais fortes ou mais jovens; e, durante toda a noite, recitam-se hinos e antífonas, até de manhã. Além disso, a maior parte da multidão permanece de vigília, uns desde o cair da noite, outros desde a meia-noite, segundo podem.

Sábado de Aleluia

38. [1]E no dia seguinte, que é sábado, procede-se segundo o costume, tanto à terceira hora como à sexta hora; à nona hora, porém, já não se faz como todos os sábados mas preparam-se as vigílias pascais na Igreja Maior, isto é, no *Martyrium.* E as vigílias pascais fazem-se tal como as fazemos nós, exceto pelo que segue: os neófitos*, batizados e vestidos logo que saem da fonte* batismal, são conduzidos, primeiramente, à *Anástasis* junto com o bispo.

²Atravessando este o gradil da *Anástasis,* dizem um hino e, a seguir, reza o bispo uma oração por eles e com eles se dirige à Igreja Maior, na qual, de acordo com a tradição, todo o povo se mantém de vigília. Realizadas aí as cerimônias que são rituais também entre nós, após a Oblação, dispensa-se o povo. E após o ofício das vigílias na Igreja Maior, vem-se imediatamente, entoando hinos, à *Anástasis,* onde, pela segunda vez, se lê o passo do Evangelho referente à Ressurreição (Mt 28,1-20; Mc 16,1-20; Lc 24,1-52; Jo 20,lss.), faz-se uma prece e o bispo torna a oferecer o sacrifício; mas tudo se faz num instante por amor ao povo – para que se não demore por mais tempo: e logo é ele dispensado. A essa hora terminam as vigílias desse dia e essa hora é a mesma que entre nós.

Páscoa

39. ¹E esses dias de Páscoa são comemorados tarde tal como entre nós e se realizam ofícios, segundo o rito, durante os oito dias pascais tal como se faz em qualquer lugar pela Páscoa, até a Oitava. A ornamentação e os adornos são aqui os mesmos nos oito dias da Páscoa e na Epifania, tanto na Igreja Maior quanto na *Anástasis* e na Cruz, ou no Eleona e em Belém, e no *Lazarium* e em toda parte, porque é Páscoa.

[2]E, nesse primeiro dia – domingo – vai-se à Igreja Maior, isto é, ao *Martyrium*: e também na segunda e na terça-feira, de modo que sempre, entretanto, após o culto, se venha do *Martyrium* à *Anástasis,* entoando hinos. Na quarta-feira vai-se ao Eleona e na quinta à *Anástasis;* na sexta a Sion, no sábado ao *ante Crucem* e no domingo, isto é, no oitavo dia, novamente à Igreja Maior, quer dizer, ao *Martyrium.*

[3]E, nesses oito dias pascais, diariamente, após o almoço, o bispo, acompanhado de todo o clero e de todos os neófitos* – estes são os que foram batizados – e de todos os *aputactitae** – homens e mulheres – e também de todos aqueles que o queiram, dentre o povo, sobe ao Eleona. Recitam-se hinos, rezam-se orações, tanto na igreja situada no Eleona – onde se encontra a gruta na qual instruía Jesus os seus discípulos – como também no Imbomon, isto é, no sítio do qual subiu o Senhor aos céus.

[4]E depois que disseram os salmos e fizeram a prece, descem daí até a *Anástasis,* entoando hinos, ao cair da tarde; isto fazem durante os oito dias.

E, no domingo da Páscoa, após o *lucernarium**, o povo todo conduz o bispo da *Anástasis* a Sion, entoando hinos.

[5]Aí chegando, recitam hinos apropriados ao dia e ao lugar, dizem uma oração e leem o passo do

Evangelho segundo o qual o Senhor, nesse dia, entrou com as portas fechadas nesse mesmo lugar onde agora se ergue, em Sion, a igreja e veio ter com os seus discípulos no momento em que um dos discípulos, Tomé, não estava presente; e voltando este, e dizendo-lhe os outros apóstolos que tinham visto o Senhor, respondeu-lhes ele: "Não creio a menos que veja" (Jo 20,19-25). Após a leitura deste texto, fazem uma nova prece, abençoam-se os catecúmenos e os fiéis e voltam, já tarde, mais ou menos à segunda hora da noite, todos às suas casas.

Primeiro domingo após a Páscoa

40. [1]Na oitava da Páscoa, isto é, no domingo, imediatamente após a sexta hora, o povo todo sobe com o bispo ao Eleona; dirigem-se primeiro à igreja; por algum tempo aí permanecem recitando hinos, dizendo antífonas relativas ao dia e ao lugar e orações igualmente referentes ao dia e ao lugar. A seguir, entoando hinos, sobem daí ao Imbomon onde procedem da mesma forma. E, aproximando-se a hora, todo o povo e todos os *aputactitae* acompanham o bispo, recitando hinos, até à *Anástasis;* e aí chegam à hora do *lucernarium**.

[2]Celebra-se, pois, o *lucernarium* tanto na *Anástasis* quanto na Cruz e daí todo o povo, sem exceção,

conduz o bispo a Sion. Chegando, dizem também hinos atinentes ao lugar e ao dia, leem, pela segunda vez, o passo do Evangelho segundo o qual, no oitavo dia após a Páscoa, entrou o Senhor no lugar onde se encontravam os seus discípulos e repreendeu Tomé por ter sido incrédulo (Jo 20,26-29). E então, apenas termine a leitura de todo esse trecho, ergue-se uma prece e, depois de serem abençoados tanto os catecúmenos[62] quanto os fiéis, de acordo com a tradição, voltam todos às suas casas, tal como no domingo da Páscoa, à segunda hora da noite.

41. [1]E, da Páscoa até a quinquagésima – isto é, Pentecostes* – ninguém, aqui, absolutamente jejua, nem mesmo os *aputactittae**. E, nesses dias, assim como o ano todo, procede-se às comemorações tradicionais na *Anástasis,* do primeiro canto do galo até a manhã, e também à sexta hora e ao crepúsculo[63]. E, aos domingos, celebra-se o culto, segundo o hábito, no *Martyrium,* isto é, na Igreja Maior, e daí vão todos à *Anástasis* entoando hinos. E na quarta-feira e na sexta-feira, visto que mesmo nesses dias ninguém, absolutamente, jejua, dirigem-se a Sion, mas pela manhã; e as cerimônias se realizam segundo o costume.

---

62. *Catecúmenos*: não neófitos. A expressão *fiéis* deve compreender, neste passo, os neófitos.

63. No texto: *lucernare.*

Ascensão

42. [1]E no quadragésimo dia após a Páscoa[64], isto é, na quinta-feira, aliás na véspera – quarta-feira – todos, após a sexta hora, vão a Belém por causa das vigílias que aí devem ser celebradas. E as vigílias, em Belém, se realizam na igreja onde se acha a gruta na qual nasceu o Senhor. No dia seguinte, pois, quinta-feira, quadragésimo dia após a Páscoa, é celebrada a Missa conforme o ritual e tanto os sacerdotes quanto o bispo pregam e suas prédicas são condizentes com o dia e o lugar; a seguir, já tarde, entretanto, voltam todos a Jerusalém.

Pentecostes[65]

43. [1]E no quinquagésimo dia após a Páscoa, que é um domingo, dia em que maior é a fadiga para o povo,

---

64. No texto: *die quadragesimarum post pascha*: Ascensão. Esta festa surgiu por influência do Livro dos Atos dos Apóstolos, já na segunda metade do século IV; este fato é importante para a situação, no tempo, da *Peregrinação de Etéria*. Cf. Introdução. Cf. MARTIMORT, A.G. Op. cit., p. 820-821.

65. Uma das três grandes festas hebraicas (Ex 23,14ss.), chamada *festa das Semanas* (Ex 34,22) ou *das Primícias* ou *da Colheita*, celebrava-se sete semanas após a Páscoa, e significou, mais tarde, a lembrança da promulgação da Lei no Sinai. Os cristãos comemoram a descida do Espírito Santo sobre os apóstolos. Cf. Ex 23,14 nota *na Bíblia de Jerusalém'*, *Dicionário Bíblico*, art. *Pentecostes*.

iniciam-se as comemorações, como sempre, a partir do primeiro canto do galo; vela-se na *Anástasis* para que o bispo leia o texto do Evangelho que sempre lê aos domingos e é o que se refere à Ressurreição do Senhor; a seguir, tudo se passa, na *Anástasis,* como de costume, o ano inteiro.

[2]Ao nascer do dia, dirige-se o povo todo à Igreja Maior, isto é, ao *Martyrium,* e também aí, tudo quanto é costume fazer-se, faz-se; pregam os sacerdotes e a seguir o bispo; tudo se faz conforme a lei, isto é, a Oblação* segue o rito observado aos domingos. Mas nesse dia, apressa-se a dispensa no *Martyrium* para que se dê antes da hora terceira. E após a Missa no *Martyrium,* todos, sem exceção, entoando hinos, conduzem o bispo a Sion, de modo, porém, a estar em Sion à terceira hora, exatamente.

[3]Aí, leem o trecho dos Atos dos Apóstolos que narra como desceu o Espírito sobre eles para que, em todas as línguas, todos entendessem o que diziam (At 2,1-12); a seguir, de acordo com o rito, celebra-se a Missa. E os presbíteros leem, aí, esse passo dos Atos dos Apóstolos, porque, segundo se lê, esse é o lugar em Sion – há agora aí outra igreja – onde, outrora, após a Paixão do Senhor, estava reunida a multidão com os apóstolos quando o fato se deu, tal como acima o descrevemos. Segue-se a Missa de acordo com o rito, faz-se a Oblação[66] e, no instante em que se dispensa o povo, toma a palavra o arquidiácono e

---

66. *Missa* e *Oblação* parecem-nos aqui sinônimos.

diz: "Hoje, imediatamente após a sexta hora, todos devemos estar presentes no Eleona, na igreja do Imbomon".

[4]Recolhe-se o povo todo, portanto, cada qual à sua casa, para descansar; e, imediatamente após o almoço, vão ao Monte das Oliveiras, isto é, ao Eleona, todos na medida de suas forças, de maneira tal, porém, que nem um só cristão permanece na cidade e não há um só que para lá não se dirija.

[5]E, chegando eles ao Monte das Oliveiras, isto é, ao Eleona, vão primeiro ao Imbomon, que é a elevação de onde subiu o Senhor aos céus, e aí sentam-se o bispo, os sacerdotes e o povo; e fazem leituras e dizem – intercalando-os – hinos e recitam antífonas* atinentes a esse dia e lugar; também as orações que intercalam contêm, sempre, expressões que convêm ao dia e lugar; leem ainda o passo do Evangelho referente à Ascensão do Senhor (Mc 16,19; Lc 24,50-51) e, nos Atos dos Apóstolos, o trecho que fala da Ascensão do Senhor aos céus, após a Ressurreição (At 1,4-11).

[6]E são, depois disto, abençoados os catecúmenos[67] e os fiéis; à nona hora descem e, cantando hinos, vão à igreja do Eleona, isto é, à gruta onde o Senhor se detinha e instruía os seus apóstolos. Quando chegam, já passa da hora décima (quatro horas); comemoram aí o *lucernare*, fazem uma prece, os catecúmenos são

---

67. Cf. nota 62.

abençoados e depois os fiéis. E logo descem daí, com hinos, todos sem exceção, em companhia do bispo, recitando hinos e antífonas relativos a esse dia; assim vêm, passo a passo, até o *Martyrium*.

[7]É noite quando chegam às portas da cidade e a procissão segue à luz de, talvez, duzentos círios de igreja, por causa do povo; e visto que da porta da cidade há um bom pedaço até a Igreja Maior – isto é, até o *Martyrium* – chegam bem tarde, à segunda hora da noite, talvez, porque é devagar, bem devagar que vão o tempo todo, por causa do povo, a fim de que, mesmo indo a pé, não se canse. E, ao se abrirem as portas grandes que dão para o mercado, entra o povo todo no *Martyrium,* com o bispo, entoando hinos. Uma vez na igreja, dizem hinos, fazem uma prece, abençoam-se os catecúmenos e depois os fiéis; daí, de novo, com hinos, dirigem-se à *Anástasis.* [8]Igualmente, chegando à *Anástasis,* recitam hinos e antífonas, fazem uma oração, abençoam-se os catecúmenos e depois os fiéis; o mesmo se faz também junto à Cruz. E, de novo, daí, o povo cristão, em peso, entoando hinos, acompanha o bispo a Sion.

[9]Chegando, fazem leituras apropriadas; dizem salmos* e antífonas*, rezam uma oração, abençoam-se os catecúmenos e depois os fiéis e dispensa-se o povo. Após a dispensa, aproximam-se todos do bispo a fim de beijar-lhe a mão e, a seguir, voltam todos a casa, à meia-noite, talvez.

Suportam, pois, a maior fadiga nesse dia visto que, desde o primeiro cantar do galo, velam na *Anástasis* e, a seguir, durante o dia inteiro, não descansam nunca; e de tal forma se estendem todas as celebrações que só à meia-noite, após o término do ofício em Sion, é que voltam a casa.

44. [1]E, já no dia seguinte a Pentecostes*, jejuam todos como é o costume, tal como fazem o ano inteiro, cada qual segundo pode, exceto aos sábados e domingos, dias em que nunca se jejua nestas regiões. Também depois, nos outros dias, tudo fazem, em todos os pormenores, como no ano inteiro, o que quer dizer que, sempre, a partir do primeiro canto dos galos, fazem a vigília na *Anástasis*.

[2]E, se é um domingo, ao primeiro cantar do galo, antes de mais nada, o bispo lê o Evangelho, conforme a tradição, no interior da *Anástasis:* o texto da Ressurreição do Senhor que sempre lê aos domingos; a seguir, dizem hinos e antífonas até o raiar do dia, na *Anástasis)* se, porém, não é domingo, dizem somente hinos e antífonas, na *Anástasis,* do primeiro canto do galo até a luz do dia.

[3]Os *aputactitae** estão todos presentes; do povo, comparecem os que podem, como podem; e os clérigos apresentam-se, por turnos, diariamente: e o fazem ao primeiro canto do galo; enquanto que o bispo vem sempre ao amanhecer a fim de encerrar o ofício matinal

com todos os clérigos, exceto aos domingos quando lhe é necessário chegar ao primeiro canto do galo a fim de ler, na *Anástasis,* o Evangelho.

Ainda uma vez, à sexta hora, procede-se ao culto tradicional na *Anástasis,* e igualmente à nona hora e ao *lucernare**, obedecendo à tradição, como é hábito que se faça durante o ano inteiro. E na quarta e na sexta-feira, sempre, à nona hora o oficio é em Sion, segundo o costume.

O Batismo

Inscriptio[68]

45. [1]E devo escrever, também, de que maneira se doutrinam os que são batizados pela Páscoa. Pois aquele

---

68. Ao catecumenato ou preparação remota, que podia durar até três anos, seguia-se uma preparação imediata que, desde os fins do século IV, se restringia à Quaresma (cf. MARTIMORT, A.G. Op. cit., p. 599). Constava de: 1) *Inscriptio* – inscrição do nome e exame de conduta moral, com que os sujeitos passavam de simples catecúmenos a *electi* ou *competentes*; 2) preparação, durante a qual jejuavam, eram exorcizados e instruídos; a primeira fase da preparação terminava com a *traditio symboli,* cerimônia em que o *symbolum* era comunicado aos *competentes* para ser por eles aprendido (cf. MARTIMORT, A.G. Op. cit., p. 409, 599); 3) profissão de fé (o *competens* devia recitar ao bispo o *symbolum* aprendido e o *Pater),* exorcismo, gesto do *Effeta,* renúncia a Satanás e unção (cf. MARTIMORT, A.G. Op. cit., p. 597-600, 614; cf. *glossário,* art. *symbolum).*

que dá o seu nome o dá antes do primeiro dia da Quaresma, isto é, antes de se iniciarem as oito semanas nas quais afirmei que aqui se comemora a Quaresma: e o presbítero anota os nomes de todos.

[2]Tendo o sacerdote anotado, pois, todos os nomes, então, no primeiro dia da Quaresma, isto é, no dia em que têm início as oito semanas, coloca-se a cátedra episcopal no meio da Igreja Maior, quer dizer, no *Martyrium*; sentam-se de um e de outro lado os presbíteros, em cadeiras, permanecendo de pé os clérigos; são, então, chamados, um a um, os *competentes*[69]: se são homens vêm com o padrinho* e se são mulheres vêm com a madrinha*. [3]O bispo, então, interroga, um a um, os acompanhantes[70] do que entrou, dizendo: "Tem este vida virtuosa, e honra os pais, e não é um ébrio ou um impostor?" Interroga acerca de cada um dos vícios que são graves em um homem.

[4]E se o *competens* for julgado irrepreensível a respeito de tudo quanto foi perguntado, o bispo, na presença das testemunhas, registra-lhe, com a própria mão, o nome. Se, porém, é acusado de algo, ordena-lhe que

---

69. *Competentes, electi, baptizandi* ou *illuminandi:* catecúmenos que se inscreveram para o Batismo; não mais simples catecúmenos.

70. No texto *uicinos*. Cf. MARTIMORT, A.G. Op. cit., p. 597.

saia, dizendo-lhe que se corrija e, quando se tiver corrigido, que se apresente, então, ao Batismo. Assim interroga, tanto sobre os homens quanto sobre as mulheres. E se algum deles é estrangeiro, a menos que tenha uma testemunha que o conheça, não conseguirá tão facilmente o Batismo.

Catequese – Traditio symboli

46. [1]E também, senhoras minhas irmãs, para que não julgueis que se age arbitrariamente, devo escrever qual é o costume aqui: durante esses quarenta dias de jejum, os que se preparam para o Batismo são, primeiro, exorcizados, de manhã cedo, pelos clérigos – assim que termina o ofício matinal na *Anástasis*[71]. Coloca-se, logo a seguir, no *Martyrium,* na Igreja Maior, a cátedra episcopal e sentam-se, ao redor, junto ao bispo, todos os que devem ser batizados, tanto homens quanto mulheres; também aí se encontram os padrinhos e as madrinhas e ainda os que, dentre o povo, desejam ouvir; todos entram e se sentam, contanto que sejam fiéis[72].

[2]O catecúmeno, porém, aí não entra enquanto, o bispo assim ensina a lei: começando do Gênesis, durante

---

71. Apenas nos dias de jejum, portanto não nos dias festivos. Os hebreus também não jejuavam nos dias de festa (cf. Ne 8,9-12).

72. Não se admitiam os catecúmenos mas tão somente os *competentes* e os fiéis.

os quarenta dias, percorre inteiramente as Escrituras, explicando-as, primeiro, literalmente e explicando-as, a seguir, espiritualmente. E também a respeito da Ressurreição e igualmente a respeito da fé, tudo é ensinado nesses dias: e isto se chama catequese.

³E logo, decorridas cinco semanas desde o início da instrução, então recebem o *symbolum**, cuja natureza, igualmente, tal como o significado de todas as Escrituras, lhes é explicada, palavra por palavra, primeiro do ponto de vista literal e depois do ponto de vista espiritual: eis como se lhes explica o *symbolum*. Assim, nestas regiões, todos os fiéis seguem as Escrituras quando se leem na igreja, porque todos são nelas instruídos no decorrer dos quarenta dias, durante três horas, isto é, desde a primeira hora até a hora terceira[73].

⁴E Deus sabe, senhoras minhas irmãs, que as vozes dos fiéis que entram para ouvir a catequese mais alto se fazem ouvir ao que aí é dito ou explicado pelo bispo do que a tudo quanto explica ao sentar-se e pregar na igreja[74]. Terminada a catequese, imediatamente, à hora terceira, entoando hinos, conduzem o bispo daí à *Anástasis* e, pela mesma terceira hora, dispensa-se o povo; assim são instruídos três horas por dia, durante sete semanas.

73. Das sete às nove; naturalmente até as nove inclusive.
74. Os fiéis não podiam conter a emoção ante a Vida e a Paixão do Senhor.

Na oitava semana da Quaresma, isto é, na que se chama *septimana maior* – grande semana – já não há tempo de doutriná-los porque é necessário cumprir tudo quanto acima foi dito.

Redditio symboli

[5]Decorridas, pois, sete semanas, resta apenas a semana pascal que, aqui, chamam *septimana maior* – grande semana; já, então, o bispo chega de manhã à Igreja Maior, ao *Martyrium*. No fundo da abside, atrás do altar, coloca-se a cátedra episcopal e os *competentes* se aproximam, um a um, cada homem com o padrinho e cada mulher com a madrinha, e repetem o *symbolum* ao bispo[75]. Após o que, o bispo, dirigindo a todos a palavra, diz: "Durante estas sete semanas, fostes instruídos inteiramente acerca de toda a lei das Escrituras e ouvistes também a respeito da fé; também a respeito da ressurreição da carne e de todo o significado do *symbolum* ouvistes o que, embora catecúmenos[76], pudestes ouvir; mas as palavras concernentes a um mistério mais profundo – o próprio Batismo – porque sois ainda catecúmenos, não podeis ouvi-las; e, para que não julgueis

---

75. Isto é o que se chama *reddere symbolum*; daí chamar-se a cerimônia *redditio symboli*.
76. Já, aqui, não mais simples catecúmenos, mas *competentes*.

que algo se faz sem razão, ouvi-las-eis após o término do ofício na igreja, na *Anástasis,* durante os oito dias pascais, quando, em nome de Deus, houverdes sido batizados; porque sois ainda catecúmenos, não vos podem ser revelados os mistérios mais secretos de Deus"[77].

Os mistérios

47. [1]E, mais tarde, nos dias da Páscoa, durante os oito dias, quer dizer, da Páscoa até a Oitava, terminado o ofício na igreja, quando o povo se dirige à *Anástasis* entoando hinos, imediatamente se diz uma oração, abençoam-se os fiéis e o bispo, que permanece apoiado de encontro ao interior do gradil da gruta da *Anástasis*,* explica tudo quanto se faz no Batismo. Nesse momento nenhum catecúmeno se aproxima da Basílica mas tão somente os neófitos[78] e também fiéis que desejam ouvir a respeito dos mistérios* aí se encontram: e as portas se fecham para que nenhum catecúmeno possa entrar.

E, examinando o bispo todos esses aspectos e expondo-os, tão alto fazem ouvir os presentes as suas

---

77. *Mistérios,* a expressão tem aqui o sentido específico de sacramento e os sacramentos em pauta são o Batismo e a Eucaristia. Quanto ao mistério cujo objeto é o plano divino da salvação, cf. Cl 4,3; Ef 3,2-12. À explicação dos mistérios dá-se o nome de catequese mistagógica.

78. Os *competentes* já batizados (cf. *glossário,* art. *neophytus*).

palavras de louvor que, ao longe, fora da igreja, se lhes ouvem os gritos. De tal forma, realmente, ele desfia os mistérios que ninguém pode deixar de comover-se ante o que – assim exposto – ouve.

[3]E, visto que nessa região uma parte do povo conhece o grego e o siríaco, outra parte, ainda, apenas o siríaco, e visto que o bispo – conhecendo, embora, o siríaco – fala sempre, contudo, o grego e nunca o siríaco, há, por essa razão, sempre presente um sacerdote que, exprimindo-se o bispo em grego, traduz para o siríaco, a fim de que todos entendam o que é explicado.

[4]E também quaisquer leituras que se façam na igreja – visto que é necessário lê-las em grego – há sempre alguém que as traduz para o siríaco por causa do povo, a fim de que, sempre, possa ele aprender; e, para não contristar os que são latinos e não sabem nem o siríaco e nem o grego, também a eles se explicam os textos, porque há outros irmãos e irmãs* que são greco-latinos e lhes dão as explicações em latim.

[5]E, sobretudo, é, aqui, muito agradável e, sem dúvida, digno de admiração que, sempre, tanto os hinos quanto as antífonas e leituras, e também as orações que diz o bispo, encerrem expressões que os tornam, sempre, adequados e convenientes ao dia comemorado e ao lugar no qual se comemora.

Festas das Encênias[79]

48. [1]Os dias que se chamam *enceniarum* comemoram a consagração a Deus da Igreja santificada que fica no Gólgota e chamam *Martyrium* * e também a da augusta igreja situada na *Anástasis,** isto é, no lugar onde o Senhor ressuscitou, após a Paixão, e que foi consagrada a Deus no mesmo dia[80]. Celebram-se, portanto, com suma honra as Encênias dessas igrejas santas, visto que, na mesma data de sua consagração, foi encontrada a Cruz do Senhor.

[2]Instituiu-se, por essa razão, que as supraditas santas igrejas, devendo ser consagradas pela primeira vez, o fossem nesse dia em que a Cruz do Senhor havia sido descoberta para que as comemorações se fizessem ao mesmo tempo, com grande alegria, no mesmo dia.

E consta das Santas Escrituras que o dia das Encênias é o dia em que o justo Salomão, terminando a casa

---

79. Dedicação. Encontram-se *Encênias*: a) *em Salomão,* que realizou com todos os filhos de Israel, "a dedicação do Templo do Senhor", festa que durou quatorze dias – sete para a dedicação do templo e sete para a *festa das cabanas* (cf. Lv 23,33-34; 1Rs 8,62-66; Ne 8,13ss.; 12,27ss.); b) *nos Macabeus*: festas da "dedicação do altar" instituídas por Judas Macabeu, após a purificação do Templo profanado por Antíoco Epífanes (cf. 1Mc 4,36-59; 2Mc 10,1-9); c) *também em São João* (cf. Jo 10,22: Jesus na festa da Dedicação).

80. Consagrações ocorridas em 335.

de Deus que edificara, postou-se ante o altar* de Deus e orou, assim como está escrito nos livros *Paralipomenon*[81] (2Cr 6,12ss.; 1Rs 8,22-53).

49. [1]Chegando, pois, a data das Encênias, é comemorada durante oito dias; e, muitos dias antes, começam a reunir-se, vindo de toda parte, multidões de monges* e *aputactitae*, não apenas de diversas províncias, isto é, tanto da Mesopotâmia quanto da Síria e do Egito ou então da Tebaida, onde há muitos *monazontes*, mas também de todos os outros lugares e regiões; não há ninguém, na verdade, que se não apresente nesse dia, em Jerusalém, a fim de participar de tão grande júbilo e tão gloriosos dias. Os leigos*, tanto homens quanto mulheres, de todas as províncias, fiéis no seu coração, por amor a esse dia consagrado, reúnem-se, igualmente, em Jerusalém, nesses dias.

[2]Os bispos, por menos numerosos que sejam, ultrapassam quarenta ou cinquenta em Jerusalém, durante esses dias, e, com eles, chegam muitos dos seus clérigos*. Enfim, julga ter cometido o maior pecado aquele que não tenha comparecido a esses dias de tão grande

---

81. Os *Livros dos Paralipômenos* – ou das coisas omitidas, obra histórica do Antigo Testamento – compreenderiam os ditos *Livros das Crônicas* junto com o *Esdras* e o *Neemias* formando uma só obra. (Cf. *Bíblia de Jerusalém,* p. 403; cf. também a versão portuguesa citada, p. 417. Cf. *glossário,* art. *Paralipomena*).

solenidade, a não ser que algum impedimento real o afaste do seu bom propósito.

[3]E, nesses dias das Encênias, a ornamentação de todas as igrejas é a mesma da Páscoa e da Epifania; e também, cada dia, vão a todos os lugares santos tal como na Páscoa e na Epifania: no primeiro e no segundo dia, à Igreja Maior chamada *Martyrium*; no terceiro dia, ao Eleona, isto é, à igreja situada no monte do qual subiu o Senhor aos céus após a Paixão, e no interior da qual se encontra a gruta onde o Senhor ensinava aos seus discípulos, no Monte das Oliveiras; no quarto dia... (LACUNA).

Índices

Índice escriturístico

Antigo Testamento
Gênesis
11,28: 20,12
11,31: 20,9.10
12,1: 20,1
14,2-3: 12,5
14,18: 13,4
15,18: 18,2
19,20-22: 12,5
19,26: 12,6
22,23: 20,9
24,1ss.: 20,10
24,2ss.: 20,9
24,15-20: 20,4
28,2ss.: 20,10
29,3.10: 21,2
29,10: 21,1

31,19.30.34: 21,4
36,32: 13,2
45,10.18.20: 7,1
46,29: 7,7
47,6: 7,1.9

Êxodo 1,11: 7,6
3,1ss.: 2,2; 4,7
3,5: 4,8; 5,2
12,37: 7,5
12,43ss.: 7,5
13,20: 7,5
14,1-3: 7,3
14,10: 7,4
16,13-14: 5,8
17,5-6: 5,6
17,6: 10,8

19,18: 3,2
19,18ss.: 2,5
24,9-14: 4,4
24,16: 2,5
24,18: 2,2
32,1-6: 2,2
32,19: 3,7; 5,4
32,20: 5,6
32,27: 5,5
33,22: 3,5
34,1ss.: 3,7
40,16-33: 5,9

Números
9,1-5: 5,9
10,12: 6,3
11,1-3: 5,7
11,4: 5,7
11,25: 5,7
11,31: 5,8
11,34: 1,1
13,22-23: 9,5
20,8-11: 10,8
21,26: 12,8
21,33: 12,8
23,14ss.: 12,10
33-1,49: 6,3
23,28: 12,8
34,6: 12,2

Deuteronômio
3,10: 12,8
4,46: 12,8
29,6: 12,8
31,22-24: 10,6
31,23: 10,5
31,30: 10,6
32,1-43: 10,6
32,49-50: 10,1
33,1-29: 10,6
34,3: 12,5
34,6: 12,2
34,8: 10,4
34,9: 10,5

Josué
3-4: 10,3
22,10-34: 10,3

Juízes
12,7: 16,1

1Reis
17,1: 16,1
17,3-6: 16,3
8,22-53: 48,2
19,9:4,2

2Crônicas
6,12ss.: 48,2

Jó
1,1: 13,1.2

Isaías
19,11.13: 9,5
30,3: 9,5

Novo Testamento
Mateus
21,8: 31,3
21,8-9: 31,2
21,9: 25,6
24,4: 33,2
26,14: 34
27,2: 36,4
27,11ss.: 36,4
27,45-50: 37,7
28,1-20: 38,2

Marcos
14,38: 36,1
15,1-5: 36,4
15,33-37: 37,7
16,1-20: 38,2
16,19: 43,5

Lucas
2,21-38: 26
22,41: 36,1
23,1-5: 36,4
23,44-46: 37,7
24,1-52: 38,2
25,40-51: 43,5

João
3,23: 15,1
11,29: 29,4
12,1: 29,5
18,28-38: 36,4
19,28-30: 37,7
19,38: 37,8
20,1ss.: 38,2
20,19-25: 39,5
20,26-29: 40,2

Atos dos Apóstolos
1,4-11: 43,5
2,1-12: 43,3

2Coríntios
12,2-3: 23,10

Índice analítico*

Aarão: 4,4; 5,6; 8,2

Abarim: 10,1.4. Cf. nota 14

Abgar: 19,6.14-15.18-19. Cf. nota 30

Abraão: 14,2-3; 20,1.3-5.8-10

Acab: 4,2; 16,3

Acampamentos (fortes, postos, pousadas – *mansiones*): 6,1; 7,1-2.4.6; 8,1; 9,7; 10,8; 13,2; 16,7; 17,2; 18,1; 19,1; 21,5; 22,2; 23,6

Acampamento dos filhos de Israel: 2,2; 4,4; 5,1.3-11; 7,5; 10,4; 12,9

Agrispecula: 12,10. Cf. nota 21

Alexandria: 3,8; 9,6

Altar: 4,2-4; 10,3; 15,6; 48,2

Amorreus: 12,8

Ana (profetisa): 26

Ananias: 19,8.16-17

Anástasis: 24,1.3-4.6-10.12; 25,2.7.9-11; 26; 27,2-9; 28,1; 29,1-2.6; 30,1.3; 31,4; 32,1; 33,1; 34; 35,1-2; 37,4.8-9; 38,2; 39,1-2.4; 40,1-2; 41; 43,1.7-8; 44,1-3; 46,1,4-5; 47,1; 48,1

Ânfora: 37,3

---

* As indicações se referem aos parágrafos do texto, p. 63ss.

Antífonas: 15,5; 24,1.3-4.8.12; 25,5; 27,6.8; 29,2.4-5;
    31,1-2; 32,1; 35,3-4; 37,9; 40,1; 43,5-6.8-9; 44,2; 47,5
Antioquia: 17,3-4; 18,1; 21,5; 22,1
Apostoli: 23,9
Aputactitae: 23,3.6; 28,3; 39,3; 40,1; 41; 44,3; 49,1
Arábia: 7,1-2.9; 8,1.4; 9,1.3.5; 10,1
Arabot (por Abarim): 10,1.4. Cf. nota 14
Arquidiáconos: 29,3; 30,2; 35,1; 43,3
Árvore da Verdade: 8,3-4
Ascensão: 42; 43,5
Ascetas: 3,4; 10,9; 16,5; 20,2.6.11.13. Cf. *Confessores*
Ásia: 23,10
Augustofratense: 18,1
Ausítis: 13,1.3. Cf. nota 23

Baal-Sefon: 7,4
Balaão: 12,10
Balac: 12,10
Basan: 12,8
Batânis: 19,1
Batismo: 15,5; 38,1; 39,3; 45,1ss.; 46,1ss.; 47,1. Cf.
    Catequese, Exorcismo, *Inscriptio, Redditio, Symbolum*
Batuel (ou Betuel): 20,8-10 (no texto *Bathuhel*; na Vulgata
    Bathuel)
Belém: 25,8.12; 39,1; 42
Bênção: 24,2-3.6-7; 25,3-4.7; 29,4; 33,2; 34; 35,2; 37,8;
    39,5; 43,6-9
Beor: 12,10. Cf. nota 22
Betânia: 29,3

Bezerro de ouro: 2,2; 5,3-4.6

Bispos: 8,4-5; 9,1-2; 16,5.7; 19,1.5ss.; 20,2ss.; 23,1;
24,2ss.; 25,1-3.7; 26; 27,2.6-7; 29,3-4; 31,1; 32,2; 33,2;
35,4; 36,3.5; 37,2; 39,3-4; 40,1; 42; 43,5-7; 44,2-3;
45,3-4; 46,1-2.4-5; 47,1-5; 49,2

Bitínia: 23,7

Calcedônia: 23,7

Caldeia: 20,12

Caminho dos filhos de Israel: 6,3; 7,1.3-4; 9,6; 10,3.8

Canaã (Terra da Promissão): 10,1; 12,5

Capadócia: 23,7

Carit (no texto *Corra*): 16,3. Cf. nota 26

Cárneas: 13,2; 16,5

Carras: 20,1-2.5.9. Cf. nota 31

Cartas: 17,1; 19,8-9.13.16-17.9

Catecúmenos: 24,2.6-7; 25,2.7; 27,5; 32,1; 33,2; 34; 35,2;
37,2.8; 39,5; 40,2; 43,6.8-9; 46,2.5; 47,2

Catequese: 46,2-4.6; 47,1-2

Ceia: 29,6

Celessíria: 18,1. Cf. Síria

Cilícia: 22,1; 23,1

Clérigos (Clero): 7,2; 11,3; 14,1; 15,5; 16,5; 20,8; 21,3;
24,2.9; 25,12; 37,9; 39,3; 44,3; 45,2; 46,1; 49,2

Clisma: 6,4; 7,1-2

Cobiça dos Alimentos (sepulcros da avidez): 1,1; 5,7.10

Codorlaomer (-or): 14,3. Cf. nota 24

Competentes: 45,1-4; 46,1-6. Cf. nota 69

Comunhão: 3,6-7; 16,7; 23,6; 27,9; 35,2

Confessores: 19,1-5; 20,2. Cf. ascetas

Constantino: 25,6.9.11

Constantinopla: 17,3; 23,8

Corico: 23,1

Corra: cf. Carit

Cruz: 43,1-2 (Invenção da Cruz); 36,5 e 37,1-3 (Santo Lenho); 24,7; 36,4-5; 37,4.8; 39,2 (*Ante Crucem*); 24,7.11; 25,9.11; 27,2.6; 30,1; 33,4; 36,3; 39,1; 40,2; 43,8 (*Ad Crucem*); 24,7; 25,1-6; 27,3; 30,1; 35,2; 37,1 (*Post Crucem*)

Denaba: 13,2

Diaconisa: 23,3

Diáconos: 10,3; 24,1.5-6.8-9.12; 25,3; 31,1; 37,2-3

Edessa: 17,1; 19,1-2

Edom: 12,8

Éfeso: 23,10

Egípcios: 7,4

Egito: 3,8; 5,9; 7,6.9; 9,3.7; 49,1

Eleazar (ou Eliezer): 20,4.9.10. Cf. nota 32

Eleona: 25,11; 30,2-3; 31,1; 33,1; 35,1-2; 39,1-3; 40,1; 43,3-6; 49,3. Cf. nota 50

Élia: 9,7. Cf. nota 13

Elias: 4,2; 16,1.3

Elpídio: 20,5

Encênias: 48,1-2; 49,1ss. Cf. nota 79

Enon: 15,1. Cf. nota 25

Epáulis: 7,4. Cf. nota 7

Epifania: 9,1; 25,6ss.; 26,1; 39,1; 49,3

Ermitérios: 3,1.4.6; 4,5-7; 5,10; 7,7; 9,2; 11,2; 15,6; 16,2-3; 9,4; 20,7; 21,3; 23,2.4

Escrituras: 4,1.8; 5,2.5; 7,9; 10,1.4; 25,6; 29,5; 31,2; 33,2; 36,1; 39,5 (citações); 3,6-7; 4,3-4.7; 5,1.3-4.6.8.12; 7,2; 8,4.5; 9,2; 10,6-7; 11,2-3; 12,3.6.9; 14,2-3; 16,1; 19,1; 20,1.3-4.9-13; 21,1-2; 26; 27,2; 29,5-6; 31,3; 34; 35,3; 36,3.4; 37,5-8; 38,2; 40,2; 43,1.3.5; 44,2; 45,2-3 (menções). Cf. Leituras

Estátuas: 8,2.5 (Moisés e Aarão); 12,6-7 (Mulher de Ló); 19,6 (Abgar e Magno)

Etam: 7,5

Eufêmia (santa): 23,7

Eufrates: 18,2-3

Eulógias: 3,6-7; 11,1; 15,5; 21,3

Exorcismo: 46,1

Fadana: 21,4. Cf. nota 36

Fanuel: 26

Faran: 2,4; 6,1

Faraó: 7,9; 8,5; 9,5

Fegor (ou Fogor, Bet Fogor): 12,8

Fenícia: 16,4

Filhos de Israel: 2,2; 4,4; 5,1.3-9.11; 6,3; 7,1.3-6; 8,2.5; 9,4.6; 10,1.3-4.6.7-8; 11,2; 12,9-10

Fontes: 15,2; 19,7-8.11-12.14-15; 38,1

Gad: 10,3

Galácia: 23,7

Gessen: 7,1.8-9; 9,4-6

Getsêmani: 36,2-3. Cf. nota 58

Gólgota: 25,1.8.10-11; 27,3; 30,1; 37,1; 48,1

Gruta: 4,2; 16,1 (Elias); 16,6 (Jó); 24,2-5.10; 25,3; 34; 47,1 (*Anástasis*); 42,1 (Belém); 30,3; 32,2; 35,2-3; 39,3; 43,6; 49,3 (Eleona)

Hebdomadarii: 27,9; 28,1

Helena (santa): 25,9

Herópolis (*Heroonpólis*, cidade dos Heróis, Hero): 7,7-9

Hesebon: 12,8. Cf. nota 18

Hierápolis: 18,2

Horeb: 4,1-2

Idumeia: 13,2

Igrejas: 3,1.3-6.8; 4,1.6-8; 7,7; 9,1; 10,9; 11,2; 12,1.3-4; 13,3; 14,1; 16,6; 19,1.3; 20,2.5.11; 21,3; 23,1.4.9. Cf. *Anástasis,* Belém, Eleona, Gólgota, Igreja Maior, Imbomon, *Lazarium,* Sion

Igreja Maior: 25,1-2.6.8-10; 27,3; 30,1-3; 32,1; 37,8; 38,1-2; 39,1-2; 41; 43,2.7; 45,2; 46,1.5; 49,3. Cf. *Martyrium*

Imbomon: 31,1; 35,4; 36,1; 39,3; 40,1; 43,3.5

Inscriptio: 45,1-4

Isaac: 20,9

Isáuria: 22,2; 23,1

Isauros: 23,4

Jacó e poço de Jacó: 20,4.10-11; 21,1-2.4

Jefté: 16,1

Jejum: 27,1.5.9; 28,1.3-4; 36,2; 41; 44,1; 46,1

Jericó: 10,1.3-4; 12,4.11

Jerusalém: 9,7; 10,3; 12,11; 13,2; 16,7; 17,1-2; 22,1; 23,3;
25,6.9.11-12; 29,4; 42; 49,1-2

Jó: 13,1-2; 16,6

João Apóstolo: 23,10

João Batista: 15,2.3.6

Jordão: 10,3-4; 12,4-5; 13,2; 14,3; 16,2-3

José: 26 (esposo de Maria); 7,7.9 (filho de Jacó)

José de Arimateia: 37,8

Josué: 5,4; 10,3.5

Judas Iscariotes: 34

Judeus: 34; 36,4. Cf. Filhos de Israel

Labão: 20,10-11; 21,4

Laudes: 24,2.9-10; 25,1.7; 27,2-5; 32,1; 34; 35,1; 38,1-2;
41; 44,2-3; 46,1

Lazarium: 25,11; 29,3-5; 39,1. Cf. nota 51

Lázaro: 29,4

Leituras: 3,6; 4,3-4.8; 10,7; 14,1; 15,4; 19,2; 20,3; 21,1;
23,5; 24,10; 25,10; 27,2; 29,4-5; 31,1-2; 32,1; 33,2; 34;
35,3-4; 36,1.3-5; 37,5-8; 38,2; 39,5; 40,2; 43,1.3.5.9;
44,2-3; 47,4-5

Língua Litúrgica: 47,3-4; cf. 8,4; 15,3; 24,4-5; cf. tb. 23,3 e
outros (*aputactitae*); 24,1 e outros (*Anástasis, monazontes,
parthenae*); 27,9 e 28,1 (*hebdomadarii*); 48,1 e 49,1.3
(Encênias)

Liturgia: 24ss.

Lívias: 10,4.8; 12,4

Ló: 12,6; 20,9

Lucernare (*licinicon, lucernarium*, vésperas): 24,4; 25,4.11;
  27,3-4.6-7; 29,1.6; 31,4; 32,2; 39,4; 40,1-2; 41,1; 43,6;
  44,3

Madrinha: 45,2; 46,1.5
Magdol: 7,4
Magno: 19,6.15
Manassés: 10,3
Mansocrenas: 23,6
Mar Morto: 12,4.7
Mar Partênico (Mar Isíaco, Mar das Virgens): 3,8
Mar Vermelho: 3,8; 6,3; 7,1-4
Maria, Irmã de Lázaro: 29,4
Maria, Mãe de Jesus: 26
Martana: cf. Diaconisa
Martyria (santuários dedicados aos mártires): 7,7; 17,1;
  19,1-2.4; 20,5; 22,2; 23,4-5.7.9-10; 25,3
Martyrium (santuário do Gólgota): 27,3; 30,1-3; 32,1;
  33,1; 34; 35,1-2; 37,8; 38,1; 39,2; 41; 43,2.6.7; 45,2;
  46,1.5; 48,1; 49,3. Cf. Igreja Maior
Melquisedec: 13,4; 14,2-3; 15,5
Mesopotâmia (Mesopotâmia da Síria): 17,1.3; 18,1.3; 20,5-6;
  49,1
Missa: cf. Oblação
Mistérios: 46,6; 47,2. Cf. nota 77
Moab: 10,1.4
Moisés: 2,2; 4,7-8; 5,1-7.9; 8,2; 9,5; 10,1.4-8; 11,2; 12,2.9
Monazontes: 24,1.12; 25,2.6-7.12; 49,1
Monges (*fratres, homines Dei, monachi, sancti*): 1,2; 2,3-7;
  3,1-2.4.6-8; 4,4.6.8; 5,10.12; 7,2.7; 8,2.4; 9,1-2; 10,3.9;

11,1-3; 12,2-3; 13,1-2; 14,2; 15,3.5-6; 16,2-3.5; 17,1; 19,1.4-5.17.19; 20,2.5-8.11.13; 21,3.5; 23,1.6; 29,4; 49,1

Monte Nebo: 10,1.8-9; 11,3-4

Monte das Oliveiras: 25,11; 30,3; 31,1-2.4; 43,4-5; 49.3

Monte Tauro: 23,6-7

Naor (ou Nakor: no texto *Nahor*, na Vulgata *Nachor*): 20,8-10

Neófitos (*neophyti*): 38,1; 39,3 (*infantes*); 47,2 (*neofiti*)

Nilo: 7,8; 9,4

Nísibis: 20,12. Cf. nota 35

Oblação: 25,6.10; 27,7-9; 28,1; 29,1; 41; 42; 43,3 (*Missa*); 3,6; 4,3-4.8; 5,10; 16,7; 7,6-8; 29,1-3; 35,1; 37,3; 38,2 (*Oblatio*); 43,2-3 (*Offertur*); 26,1 *(Sacramenta)*

Oferendas: 4,2 (Elias); 12,4 e 14,2 (Melquisedec); 26 (José e Maria). Cf. Eulógias

Og: 12,8

Orações: 2,4; 3,2; 4,3-4.8; 10,7.9; 12,3; 13,1-2; 14,1; 15,4; 16,2.7; 17,2; 19,2.9.16; 20,3.12; 21,1; 23,5-6.9; 24,1-3.6-9.11-12; 25,3.7; 27,6; 31,4; 32,1; 33,2; 34; 35,2-4; 36,1.3.5; 37,1.6-8; 38,2; 39,3-5; 40,1-2; 43,5-9; 47,1.5; 48,2

Ornamentos sacros: 25,8-9; 39,1; 49,3

Padrinho: 45,2; 46,1.5

Pagãos: 20,8; 23,4

Paixão: 30,1; 34; 37,5-7; 48,1; 49,3

Palestina: 3,8; 9,7; 12,5

Parthenae (*parthene*): 24,1

Páscoa: 15,5; 20,6; 24,8; 26; 27,1; 29,2.5; 28,1; 29,1ss.;
40,1ss.; 42; 43,1; 45,lss.; 49,3

Páscoa dos filhos de Israel: 5,9; 7,5

Pelúsio: 9,3.6

Pentecostes: 25,6; 41; 43,1ss.; 44,1

Persas: 19,9-12; 20,12

Pérsia: 19,13; 20,12

Pilatos: 36,4; 37,8

Píton: 7,6

Pompeiópolis: 33,1

Pregações: 25,1.10; 26; 42; 43,2; 44,4

Procissões: 27,3; 41 (domingos); 26,1 (Epifania); 25,5 e
38,1 (*neophyti*); 40,1 (Oitava da Páscoa); 39,2-4 e 47,1
(Páscoa); 43,2.6-7 (Pentecostes); 27,6-7; 29,1.4; 32,1
(Quaresma); 35,4 (Quinta-feira Santa); 30,3; 31,2-4
(Ramos); 38,2 (Sábado de Aleluia); 36,1-3 (Sexta-feira
Santa)

Quaresma: 27,1ss.; 28,lss.; 32,1ss.; 45,1-2; 46,1ss.

Quinta-feira Santa: 35,1ss.

Ramos: cf. Procissões

Ramsés: 7,1; 8,1.4-5; 9,6

Raquel: 20,11; 21,1.4

Rebeca: 20,4.9-10

Redditio: 46,5

Ressurreição: 38,2; 43,1.5; 44,2; 46,2

Ródano: 18,2

Romanos: 7,2.4; 9,3; 19,1; 20,12

Rúben: 10,3

Sábado de Aleluia: 27,1; 38,1-2

Sábado de Lázaro: 29,3-6

Sacerdotes: 3,1.4.6; 4,4.8; 10,3.8; 14,1-2; 15,1.5; 24,1.8-9.12; 25,1.12; 26; 27,6; 29,5; 34; 42; 43,3.5; 45,1-2

Salém: 13,4; 14,3

Salim: 15,1. Cf. nota 25

Salmos (e Hinos): 4,4; 10,7; 15,4-5; 20,3; 21,1; 24,1.3-4.8-9.11-12; 25,2.5.7.10; 27,3.6-8; 29,1-2.4-5; 30,3; 31,1-2; 32,1; 34; 35,3-4; 36,1-3; 37,6.9; 38,2; 39,2-5; 40,1-2; 41; 43,2.5-9; 44,2; 46,4; 47,1.5

Salomão: 37,3; 48,2

Santo Lenho: cf. Cruz

Sara (ou Sarai): 20,9. Cf. nota 34

Sarça: 2,2-3; 4,6-8; 5,2

Sarracenos: 7,6

Sasdra: 12,8. Cf. nota 19

Sedima: 13,3-4

Sefor: 12,10. Cf. nota 22

Segor: 12,5.7

Selêucia: 23,1

Semana Pascal (*Septimana Maior*): 30,1ss.; 31,1ss.; 32,1ss.; 33,1ss.; 34; 35,1ss.; 36,1ss.; 37,1ss.; 38,1ss.

Seon: 12,8

Sepulturas (*Memoriae*): 12,1-2 (Moisés); 13,1; 16,6 (Jó); 16,1 (Jefté); 19,18 (Abgar); 20,8 (Naor e Batuel); 21,4 (Labão). Cf. *Martyria*

Setenta Anciãos: 4,4; 5,7

Sexta-feira Santa: 36,1ss.

Simeão: 26,1

Sinai: 1,1-2; 2,5-7; 3,2-8; 4,1; 5,8.11; 6,1.3; 9,6

Sion: 25,6.11; 27,5-7; 29,1-2; 37,1; 39,2.4-5; 40,2; 41; 43,2-3.8-9; 44,3. Cf. nota 46

Síria: 49,1. Cf. Mesopotâmia

Sodoma: 14,3

Sodomitas: 12,5

Sucot: 7,5

Symbolum: 46,1.5

Tabernáculo: 5,9

Tábuas da Lei: 3,2.7; 4,4

Tânis: 9,5-6

Taré (ou Terá): 20,9.12 (no texto *Thara*; na Vulgata *Thare*)

Tarso: 22,1-2; 23,1.3

Tebaida: 9,1.3.6; 49,2

Tecla (santa): 22,2; 23,2.5

Teofanias: 2,5-7; 3,2; 4,7; 5,2

Tisbe (de Galaad): 16,1

Tomé (apóstolo): 17,1; 19,2; 39,5; 40,2

Tradição (*consuetudo, consuesco, consuetudinarius, ordo, ordino*): 1,2; 3,6; 4,3.8; 10,7; 11,1.3; 12,3; 14,1; 15,4; 16,2; 19,14; 21,3; 24,5.8; 25,1-2.4.10-11; 26; 27,3-6; 28,1.3-4; 29,2.6; 30,1-3; 32,1; 35,1-2; 37,2.8-9; 38,2;

39,1; 40,2; 41; 42; 43,1-3; 44,1-3; 46,1; 48,2 (*semper,
toto anno, per totum annwn*); 25,4.6; 27,3-7; 28,3; 29,2;
35,2; 41; 43,2.5; 44,1-2
Transmissão Oral: 8,5; 12,2; 12,7; 16,5; 17,1

Ur: 20,12

Vésperas: cf. *lucernare*
Vigílias: 9,1; 14,1.8.12; 25,12; 27,1.4-5.7-8; 29,1-2; 32,1;
34; 35,1.3; 36,1.3; 37,9; 38,1-2; 39,5; 42; 43,1.7.9; 44,1.
Cf. tb. *Laudes*

Nas citações, abreviaturas e tradução dos topôni-
mos (salvo um pequeno número de exceções) segui a
Bíblia das Edições Paulinas. Cf. Bibliografia.

Índice sistemático

Prefácio, 7
Introdução, 11
Comentário, 23
Bibliografia, 49
Glossário, 51
Texto, 61
Parte I – Do Mar Vermelho a Constantinopla, 63
  Ao sul do Deserto de Faran, 63
    O vale, 63
    O Sinai, 65
    A escalada, 66
    O alto do Monte Sinai, 67
    A descida, 70
    A volta, 71
  "Desata a correia do teu calçado", 71
  O bezerro de ouro, 73
  O acampamento dos Filhos de Israel, 74
    Os monges, 76
  De Faran a Clisma, 77
  A Terra de Gessen, 78
    A cidade de Arábia na terra de Gessen – Ramsés, 81
  Volta à Palestina, 85
    O Jordão – Jerico – O Monte Nebo, 86

O cimo do Monte Nebo – A sepultura de Moisés, 89

O panorama, 90

Ausítis – A cidade de Melquisedec, 93

O Jardim de São João, 95

Tisbe – Cidade do justo Elias, 97

O túmulo de Jó, 98

Novo regresso a Jerusalém, 99

Mesopotâmia, 99

Edessa – O túmulo de São Tomé, 101

O Rei Abgar – As fontes do seu palácio, 103

As cartas do Rei Abgar, 106

Carras, 107

A festa de Santo Elpídio – Naor e Batuel, 108

Nísibis e Ur, 111

O poço de Jacó – A propriedade do sírio Labão, 112

De Antioquia à Cilícia e à Isáuria, 114

SeLêucia da Isáuria – O *martyrium* de Santa Tecla, 114

Da Cilícia a Constantinopla, 116

Novos planos, 117

Parte II – Liturgia de Jerusalém, 120

Basílica do Santo Sepulcro, 120

Ofícios da semana, 120

Sétimo dia, 124

Festas litúrgicas, 128

Nascimento do Senhor, 128

Jesus no Templo, 131

Quaresma, 132

Ofícios diários, 132

Jejum, 135

Sétima semana – Igreja de Lázaro, 137

Semana Santa, 137

  Domingo de Ramos, 139

    De segunda a quarta-feira, 141

    Quinta-feira Santa, 143

    Sexta-feira Santa – O Santo Lenho, 145

    Sábado de Aleluia, 151

Páscoa, 152

  Primeiro domingo após a Páscoa, 154

Ascensão, 156

Pentecostes, 156

O Batismo, 161

  Inscriptio, 161

  Catequese – *Traditio Symboli,* 163

  Redditio Symboli, 165

  Os mistérios, 166

  Festas das Encênias, 168

Índices, 171

Coleção CLÁSSICOS DA INICIAÇÃO CRISTÁ

- *Didaqué – Instruções dos apóstolos*
Anônimo

- *Os sacramentos e os mistérios*
Santo Ambrósio

- *Tradição apostólica de Hipólito de Roma*
Hipólito de Roma

- *A instrução dos catecúmenos*
Santo Agostinho

- *Catequeses mistagógicas*
São Cirilo de Jerusalém

- *Catequeses pré-batismais*
São Cirilo de Jerusalém

- *Peregrinação de Etéria*
Anônimo

- *Carta a Diogneto*
Anônimo